必修

ビジネスワード17

17歳で知っておきたい

なりたい自分をかなえる経営の基礎

CONTENTS

はじめに

　『17歳で知っておきたい必修ビジネスワード17　なりたい自分をかなえる経営の基礎』は、未来の起業家やビジネスリーダーを目指す高校生に、ビジネスの世界の扉を開く鍵を提供します。この本は、身近な事例とストーリーを交えながら、ビジネススタートアップ、ビジネスを始めることの魅力と挑戦、ビジネスに必要なスキル・考え方、ビジネスに伴う社会的責任の重要性、具体的に企業運営の実践技術、そして自分自身の成長をどう進めるか、どう社会に貢献していくのか、について探求していきます。

　この新しいビジネス（事業）を創造することが、みなさん一人一人の成長につながり、将来を切り開くことにつながっていくのです。

編1：ビジネスの基本と理論

　想像してみてください。17歳の高校生、ケンジくんがいます。彼は、環境に優しい新しいファッショングッズを市場に投入したいと考えています。しかし、彼にはアイデアはあるものの、ビジネスの世界についての知識が乏しい。本書の編1では、ケンジくんがアントレプレナー、マネジメント、経営戦略、マーケティングイノベーションそして経営デジタル化を学び、彼のアイデアを実現するための第一歩を踏み出す物語を紹介します。

編2：社会的責任と地域社会

　続いて、ケンジくんは自分のファッショングッズが社会にどのような影響を与えるかを深く考え始めます。彼は、SDGs（持続可能な開発目標）に貢献することの重要性を理解し、地域経済に貢献するためのイノベーションを取り入れることを決意します。この部分では、ケンジくんが持続可能なビジネス戦略を立て、社会的責任を果たす方法を模索する過程を追います。

編3：企業運営の実践

　ケンジくんのビジネスが徐々に形になってきたところで、彼は会計、ファイナンス、法律といった実際のビジネス運営に関わる複雑な側面に直面します。このセクションでは、ケンジくんがビジネスプランを立て、資金調達の方法を学び、法的な課題を乗り越える過程を通じて、読者に実務知識を提供します。

編4：個人の成長と社会への貢献

　最後に、ケンジくんは自身のビジネスが成功し、地域経済に積極的な影響を与えることができたことに気づきます。彼は、学んだことを地域の学校でシェアし、若い世代に気づきを与えることに情熱を感じます。この章では、ケンジくんが自己実現を達成し、社会貢献を果たす旅の物語を通じて、読者に励ましのメッセージを送ります。

　『17歳で知っておきたい必修ビジネスワード17』を通じて、ケンジくんの物語は、ビジネスの理論から実践、そして個人の成長と社会への貢献に至るまで、ビジネスの旅を経験しようとする若者たちにとってのガイドとなります。この本は、高校生が自分たちの夢を追い求める勇気を持つための気づきと土台を提供します。

ビジネスの基本と理論

01 アントレプレナー

「アントレプレナー」、みなさん聞いたことがありますか。聞いたことが
ない人がほとんどだと思います。日本語でいうと「起業家（きぎょうか）」
です。「起業家？」、これも聞きなれないですね。この10年で急速に広が
る、新しい時代の流れを感じさせる言葉です。令和の時代に生きるみなさ
んのための言葉。「挑戦する人」を意味します。

みなさん、一回限りの人生、せっかく大学に入ったら、何か新しいこと、
自分の好きなこと、やりたいことに挑戦してみませんか。

1 何に挑戦したらいいの

高校生までの学びと大学生での学びは大きく違います。大学では、自分
自身の力で生きていけるように、主体的に勉強することが大事です。大学
入学前に、自分がやりたいことが決まっている人もいるでしょう。でも、
みなさんの多くは、大学に入ってから考えようと思っていることでしょ
う。大学は高校と違って、自分で学びのテーマを見つけていくことが必要
です。何となく大学に来て、言われたことをやる、という気持ちでは、
せっかくの4年間がもったいないです。自分がやりたいテーマを見つけ
る。そのテーマに必要なことを学ぶ。やってみる。試してみる。これが、
「挑戦する人」、「アントレプレナー」です。でも、何をすればいいのでしょ
うか。

ご心配はいりません。みなさんは、何らかの形で、社会の役に立ちたい
と考えていると思います。その意味で、テーマを見つけたければ、社会の
中の困り事を見つければいいのです。何か困っていることを見つけて、そ
れを、これまでにない方法で解決する。これがテーマと解決策です。図
1-1に見つけ方を書きました。

過去を振り返る　　　　観察する　　　　　組み合わせる
未来を想像する

図 1-1　テーマと解決策の見つけ方

図1-1を説明しましょう。

過去を振り返る

　生まれてから、高校生の現在まで、学校、友達、家族、クラブ活動、地域での活動など、様々な活動をしてきたと思います。その中で、不便だな、もっとこうなったらいいのに、と思ったことはありませんか。LINE、インスタグラム、ユーチューブを使っている人も多いと思います。何か不便を感じたことはありませんか。部活で困ったことはありませんか。勉強で困ったことはありませんか。小学校、中学校、高校で、悩み事はありませんでしたか。街中を歩いていて、ご近所で、おじいさん、おばあさん、小さい子供たち、ママさん、パパさん、困っていることはありませんか。

　何でもいいんです。これまでの生活の中で、過去を振り返ってみると、何か1つくらい出てきませんか。

未来を想像する

　逆に、こんなモノがあったらいいな、こんなサービスがあったらいいなと考えると、面白いテーマが発見できるかもしれません。インターネットやスマートフォンは、みなさんにとっては当たり前ですが、この20〜30

年で発展したサービスです。これからは、何でしょうか。AI（人工知能）でしょうか。ロボットでしょうか。

観察する

　過去を振り返るときも、未来を想像するときも、大事なのは情報の収集です。インターネットを使って、いろんな情報を集めれば、そこに何か発見があります。たとえば、近年まれな大雪が降ったとしましょう。インターネットやテレビでいろんなニュースをやっています。おじいさん、おばあさんが困っています。何かできることはありませんか。実際に、現地に行って、困っている状況を間近で見ると、リアルに、雪かきすればいいのか、食料品を配達すればいいのか、簡単に助けを呼べる仕組みがあればいいのか。何が必要とされているのか。おじいさん、おばあさんの日々の生活を観察すれば、大雪というテーマ（困り事）で、何をすればいいか、解決策（アイデア）を思いつけるかもしれません。

組み合わせる

　解決策（アイデア）を考える場合、実は、世の中に全くないことをイメージするよりも、今あるモノやサービスを組み合わせて、解決策を考えることが早道です。早道とは、お金を掛けずに、短い時間で行うことを意味します。これこそが、「ビジネス」です。少し前になりますが、インターネットの発達を見越して、「何か」×「インターネット」の組み合わせで、大成功した**アントレプレナー**（起業家、挑戦する人）が沢山います。ソフトバンクの孫さん、楽天の三木谷さん、ディーエヌエーの南場さん、海外では、アマゾンのジェフ・ベゾスなどなど。インターネットと組み合わせたアイデアを考えて、新しい**ビジネス**を作ることが大きな流れになりました。

　このように、「過去を振り返る」、「未来を想像する」、「観察する」、「組み合わせる」を、行ったり来たりしていると、「テーマ（こんな困り事）」

と「解決策（アイデア）」が何かしら浮かんできます。「テーマ」と「解決策」の組み合わせを、「仮説（かせつ）」といいます。みなさんも、仮説を作ってみてください。

2 テーマが浮かんだらどうするの

　アントレプレナーは、「テーマと解決策（仮説）」が浮かんだら、「行動」に移ります。自分が考えた「テーマ」が、本当に困り事なのか、その困り事に対する、自分が考えた「解決策」が、最もいい解決方法なのか。考えた「テーマと解決策（仮説）」を実際にやってみて、いけそうかどうかを確認します。これを「検証（けんしょう）」といいます。

　解決策が、アプリを作ることなら、アプリを作る前に、アプリの絵を書いて、アプリを使いそうな人（困っている人）に聞きにいきます。絵を見せながら、「こんなアプリがあったら便利ですか？」「使いますか？」「いくらなら買いますか？」と聞くのです。すると、「もう少しこうした方がいい」「毎月300円なら買ってもいいかな」と反応があります。その反応を大事にして、改良を加え、また、アプリを使いそうな人に聞きにいきます。これを繰り返すことで、「テーマと解決策（仮説）」が検証されて、どんどん骨太、リアリティのあるものになっていきます。

3 会社を創ってみよう

　学生の間に、あるいは大学卒業後に、「テーマと解決策（仮説）」が浮かんで、検証して、いけそうだとなったら、ビジネスプランコンテストに出ましょう。大学生を対象にしたもの、社会人を対象にしたもの、地域で開催、全国で開催いろいろあります。賞金をもらえるものもあります。プロの人たちに、自分の、「テーマと解決策（仮説）」を発表して、いろんな意見を言ってもらいましょう。

　実際に動く簡単なサンプル（ポック：PoCと言います）を作ってみま

しょう。アプリを考えたのなら、アプリを作ってみましょう。そのために
は、技術や資金が必要です。自分でアプリを作れるなら自分で作る、そう
でないなら友達に頼みます。工夫しながら、サンプルを作ってみましょ
う。そのサンプルを、「困っている人」に見せて、使ってもらって、いろ
いろ意見をもらいます。その意見で改良していきます。そんな繰り返し
で、「いけそう」となったら、計画書（「ビジネスプラン」）を作ります。
ビジネスプランをもとに、仲間を説得して、同志を集めます。お金を出し
合って会社を創ります。銀行を説得して、創業資金を借ります。ベン
チャーキャピタルという、アントレプレナーに専門に投資する投資家を説
得して、出資してもらいます（図1-2参照）。ビジネスプランは、説得の
武器です。

図1-2　会社を創って起業してみましょう

　学生生活の4年間でも、就職して社会人になってからでも、チャンスはいくらでもあります。変化の激しい時代、自分で生きる力を身に着けるには、アントレプレナーになること、アントレプレナー的な考え方で、仮説を作って、検証することが大事になってきます。

　「大胆な発想で、丁寧な実行を」、この言葉をみなさんに差し上げます。アントレプレナーとして、楽しく、人生を成功するためのおまじないです。

02 組織をマネジメントしよう

みなさんも今までに、「マネジメント」という言葉を聞いたことがあると思います。経営学の教科書的に言えば、マネジメントとは、様々な資源を用いて目的を達成するプロセスのことで、その多くは組織を通して実行されるものです[1]。この組織の身近な例として、企業、学校、自治体、スポーツチームなどが挙げられますが、とりわけ経営学が主に対象とするのは企業組織です。

それでは、企業が用いる様々な資源にはどのようなものがあるでしょうか？

1 企業の様々な資源

企業が用いる資源は、「経営資源」と呼ばれます。この経営資源は、ヒト（人）、モノ（物）、カネ（金）、情報の4つから成るとよく考えられています（図2-1参照）。順番に見ていきましょう。

図 2-1　企業が用いる経営資源

ヒト

　1つ目が、「ヒト」です。企業を実際に動かしているのはヒトというのは、みなさんも良く知っていることだと思います。もう少し詳しく見ていくと、企業をうまく動かすためには、リーダーとして従業員に指示・命令を出すヒト、やる気を持って現場作業に取り組むヒト、良い成果を出すためにお互いに協力し合うヒトたち、などが必要になってきますよね？　これらを考えるのが、ヒトのマネジメントの問題です。

モノ

　2つ目が、「モノ」です。すごく簡単に考えてみると、企業は商品やサービスをつくり、それらを売っています。つまり「モノをつくって、モノを売る」ということです。そのためには、商品をつくるための原材料が必要だったり、自社の完成品をつくるための機械設備が必要だったり、仕事業務を進めていくための備品が必要だったり、あるいは自社がつくった商品・サービスをいかにしてお客さんに広く買ってもらうか・利用してもらうかを考える必要がありますよね？　これらの問題を扱うのが、モノのマネジメントです。

カネ

　3つ目が、「カネ」です。企業を動かしていくためには、当たり前ですがカネが必要です。商品をつくる機械設備を買うときもそうだし、原材料を仕入れるときもそうだし、従業員に給料を払うときもそうだし、あるいは自社の商品をお客さんに買ってもらうためにテレビ広告を出すときにも、やっぱりカネがかかります。大きく分けると、企業を動かすためには、カネをどこからいかに集めてくるか、そして集めたカネを何にどう使うかの2つを考える必要があります。これらの問題を扱うのが、カネのマネジメントです。

情報

　4つ目が、「情報」です。企業を動かすためには、様々な情報が必要となります。たとえば、世界情勢のことだったり、自社のお客さんのことだったり、取引先のことだったり、あるいは自社の財務や商品開発・生産・販売状況のことなどです。つまり、企業は多種の必要な情報を集めることから始まり、それらを効果的に処理したり、あるいは社内外に広く伝えたりしなければなりません。これらを考えるのが、情報のマネジメントの問題です。

　以上、4つの経営資源とそのマネジメントについて個別に説明してきましたが、これらはバラバラなものではなく、お互いに強く関連し合っていますので、統合的にマネジメントされることがとても重要なんです。そうすることで、組織は全体として、目的達成のために効果的に機能することができるのです。

2　ヒトを主軸とした組織づくり

　とはいえ、企業の成否のカギとなるのは、やはりヒトでしょう。企業が優れた成果を出せばカリスマ経営者ともてはやされますし、世間をにぎわす企業の不祥事を起こすのも人間です。また、組織を動かすのに重要な要素として、従業員の仕事に対するやる気が大事だということもみなさんは納得できるのではないでしょうか？

　組織は協働システム、つまりヒトとヒトとがお互いに協力し合うことで成り立っています[2]。そのようなヒトを主軸とした組織づくりの主な要素として、リーダーシップ、モチベーション、管理原則という3つについて順番に見ていきましょう。

リーダーシップ

　たくさんのヒトが集まっている組織をまとめるためには、リーダーシップ、つまりリーダーが一定の方向に向かわせるための影響力を発揮するこ

とが重要です。

　リーダーシップについては、今までに様々な側面から検討が進められています。最初は、「有能なリーダーの特徴とは？」というところからスタートしました。たとえば、状況適応力がある、頼りがいがある、一貫性がある、知性がある、コミュニケーション力があるなどの特徴を持ったリーダーは、みなさんも有能なリーダーだと思えるのではないでしょうか？

　その後、「リーダーが部下に与える影響力」へと観点がシフトします。たとえば、仕事を効率的に進めることを求めるリーダー行動と、部下との良い人間関係の構築を求めるリーダー行動は、どちらの方が良い成果が挙がるかといったようなものなどです。多くの調査研究が行われていますので、ぜひ調べてみることをお勧めします。

　他にも、「リーダーとしてあるべき行動は、その時々の状況によって違うのでは？」だったり、「組織に大きな変化をもたらすような変革型リーダーが求められているよね」だったり、「部下に奉仕し支援しながら導くことこそリーダーの役割だ！」などといったリーダーシップの考え方もあります。みなさんがしっくりくるのは、どのリーダーシップスタイルでしょうか？

モチベーション

　組織をまとめるのはリーダーの役割ですが、そもそも企業で働いているヒト、つまり従業員がやる気を持って仕事に取り組んでいることが重要ですよね？　これが**モチベーション**の問題です。

　モチベーションは大きく分けて、外部からの働きかけで生じるものと、そもそも人間の内部から生じるものと、2つのタイプがあります。

　外部からの働きかけによるモチベーションとして、一番わかりやすいのは、賃金でしょう。みなさんもアルバイトなどで働いた経験があればわかると思いますが、時給がアップするとモチベーションも上がりますよね？他にも、仕事上の人間関係も外部からの働きかけによるモチベーションです。仲良しグループで一緒に仕事したり、上司から褒められたりするとモ

チベーション上がりますよね？

　一方、仕事内容そのものに対する強い関心があったり、あるいは自身で高い成果を達成しようと努力するときは、人間の内部から生じるモチベーションに当たります。自分が好きで元々やりたかった仕事だったり、あるいは自分が全てを決めて行動し仕事をやり遂げることができるなら、モチベーションが上がると思いませんか？

　以上、2つのモチベーションについて説明してきましたが、みなさんが自分に当てはまっていると思うのはどちらのタイプですか？

管理原則

　組織が大きくなると、そこで働くヒトもどんどん増えていきます。そこで必要になるのが、組織を効果的に動かしていくための規則や役割分担などを決めていくことです。これらは、組織の**管理原則**と言われています。その中からいくつか取り上げてみましょう[3]。

　まずは作業の役割分担です。企業の中には、たくさんの仕事があります。完成品をつくる仕事だったり、つくった商品を売る仕事だったり、従業員を採用したり育成したりする仕事だったり、お金の流れをきちんと記録する仕事だったり、あるいは今後の企業の方針を考える仕事だったり…。これらを誰か一人でやるのは絶対に無理だし、また特定の作業をこなすことでうまいやり方を覚えていきますので、役割分担が重要となるのです。

　次に、すでに取り上げたように、リーダーも決めなければいけません。企業で言えば上司・部下の関係ですが、社長・部長・課長など、いくつかの階層が必要となります。さらに、一人の上司があまりにも多くの部下を持ってしまうと混乱が生じてしまうため、部下の人数を限定することも大切です。また、別の混乱を起こさないように、部下は一人の上司からのみ命令を受けるべきということも考えておかなければなりません。

　こういった管理原則を基にして、みなさんはどのような効果的な組織づくりをしたいと思いますか？

1　高橋正泰・木全晃・宇田川元一・髙木俊雄・星和樹（2012）『マネジメント』文眞堂。

2　Barnard, C. I.（1938）*The Functions of the Executive*, Harvard University Press.
　　（山本安次郎・田杉競・飯野春樹訳（1968）『新訳　経営者の役割』ダイヤモンド社）

3　高橋正泰監修・髙木俊雄・四本雅人編（2019）『マクロ組織論』学文社。

03 戦略を立てて 競争に打ち勝とう

　企業の経営活動において、「戦略を立てる」とはどういうことでしょうか？　経営戦略は、教科書的に言えば、「企業と環境とのかかわり方を将来志向的に示す構想であり、企業内の人々の意思決定の指針となるもの」と定義されます[1]。簡単に言うと、企業が今後、自社を取り巻く外部環境（自社のお客さんや取引相手、ライバル会社、地域社会など）にどう対応していくかを決め、社員全員でそれを共有し行動していこうというものです（図3-1参照）。

　それでは、企業が戦略を立てる際の基本的な考え方とは、一体何でしょうか？　また、ライバル会社との競争に勝つための戦略として、どのようなものがあるでしょうか？　順番に見ていきましょう。

| 外部環境
顧客、取引相手、
競合他社、地域社会など | ⬌ 経営戦略 | 企　業 |

図 3-1　企業が環境にどう対応していくかを決める経営戦略

1 戦略を立てるための基本的考え方

　企業が経営戦略を立てる際に役立つ代表的な手法として、「SWOT分析」があります。これは、①ライバル会社と比較して、自社の「強み（Strength）」は何か、②ライバル会社と比較して、自社の「弱み（Weakness）」は何か、③自社にとって、「機会（Opportunity）」となるプラスの外部環境要因は何か、④自社にとって、「脅威（Threat）」となるマイナスの外部環境要因は何か、という4つについて分析を行うものです（図3-2参照）。

	プラス要因	マイナス要因
内部環境	ライバル会社に比べて自社の「強み」は何か	ライバル会社に比べて自社の「弱み」は何か
外部環境	自社にとって「機会」となる外的要因は何か	自社にとって「脅威」となる外的要因は何か

図 3-2　SWOT分析の方法

強み

　企業が持っている強みとして、たとえば、ものづくりの技術力の高さだったり、長年蓄積してきたノウハウなどがあります。他にも、大規模な生産設備だったり、あるいは企業ブランド力の高さなども挙げられるでしょう。

弱み

　それとは反対に、企業の弱みとして、自社が苦手としていること（自社商品が若者にはあまり売れないなど）や、ライバル会社よりも生産費用が高いことなどがあります。また、大手の企業に比べて広告費が少ないことなども挙げられるでしょう。

機会

　企業にとって機会となる外的要因として、たとえば、自社商品を買ってくれそうな訪日外国人旅行客の増加や、商品自体の流行化などがあります。他にも、成長著しい海外市場にいち早く打って出ることなども、自社のビジネスチャンスを広げることになるかもしれません。

脅威

　反対に、企業の脅威となる外的要因として、ライバル会社の新商品が爆

発的に人気になることや、あるいは海外有名企業による日本市場への新規参入などが考えられます。他にも、そもそも日本経済が不景気になってしまったら、お客さんの買い控えが起こってしまいますよね。

　以上、これら4つを明らかにすることによって、企業として今後、現状の強みをどのように活かしていくか、弱みをいかに克服すべきか、外部環境の魅力的な機会をどう捉えていくか、脅威を避けるためにはどうしたら良いか、といった経営戦略の立案につなげていくことができるのです。

　みなさんも、自分がよく買う商品を作っている会社や、よく行くお店などを対象として、SWOT分析をやってみるのも良いかもしれません。

２　競争に勝つための戦略

　それではここからは、経営戦略の中でも特に、ライバル会社との競争に勝つための戦略に目を向けてみましょう。

　経営学の中では、競争に勝つ戦略を立てるやり方として、2つの有名な考え方があります。1つ目は、どのライバル会社も行っていない独自の戦略を立てることで、競争に打ち勝つという考え方です。2つ目は、自社ならではの強みとなる資源・能力を活かす戦略を立てることで、競争に打ち勝つという考え方です。順番に見ていきましょう。

どのライバル会社も行っていない独自の戦略を立てる

　競争に勝つ戦略の1つ目の考え方は、どのライバル会社とも異なるような、自社独自の立ち位置（ポジション）を築き上げようとするもので、「ポジショニングの戦略」と呼ばれています。そこで必要となるのが、そもそもライバル会社が現状どのような戦略を立てているのかを分析しつつ、それを基に自社がどういった違いを生み出していくかを考えることです。つまり、経営学の教科書的な言葉を使えば、「差別化」です[2]。

　いくつかの事例を見てみましょう。差別化戦略を説明するときによく取り上げられるのが、アップル社です。みなさんの中にも、スマートフォン

としてiPhoneを使っている人も多いのではないでしょうか？　アップル社は、「デザイン性」、「シンプルな操作性」、「持っているとかっこいいイメージ」などの要素で独自のポジションを築き上げ、ライバル会社との差別化に成功していると言われています。アップル社の差別化戦略については、ネット検索でも非常にたくさんの説明が出てきますので、ぜひ調べてみることをお勧めします。

　他にも、差別化戦略としてよく取り上げられるのが、モスバーガーです。みなさんも何度かお店に行ったことがあるのではないでしょうか？　モスバーガーは、「おいしさ」、「安全・安心」、「高品質」などの要素で、独自の差別化に成功していると言われています。こちらも、ネット検索でたくさん出てくる事例です。ぜひ調べてみてください。

自社ならではの強みとなる資源・能力を活かす戦略を立てる

　競争に勝つ戦略の2つ目の考え方は、自社の強みとなっている経営資源や能力を効果的に活用していこうとするもので、「**資源ベースの戦略**」と呼ばれています。各企業が持っている強みとなる経営資源は違っているのが当たり前だし、ライバル企業がそれを真似しようとしても、そう簡単にはできませんよね。そういった自社ならではの強みとなる経営資源・能力をうまく活用し競争に打ち勝とうという考え方[3]は、みなさんも納得できるのではないでしょうか？

　いくつかの事例を見てみましょう。日本を代表するトヨタ自動車は、「トヨタ生産方式」という自社ならではのものづくり力を強みとして、世界的な成功を収めてきました。トヨタ生産方式は、いくつかの思想・原理から成り立っていて、それを再現できた会社はないと言われることもあります。つまり、ライバル会社が真似できない強みを活かした戦略で、競争に勝っているということです。

　他にも、自社の強みとなる経営資源を活かした戦略を展開する企業として、富士フイルムがあります。同社は、1934年、カメラの写真フィルムを主事業として設立されました。写真フィルムで長らく成功を収めてきま

したが、2000年代に入り、カメラのデジタル化によって需要が急激に落ち込みます。そこで富士フイルムは、培ってきた技術を応用し、他事業（液晶ディスプレイや化粧品、ヘルスケアなど）への進出を試み成功しました。長年にわたって培った技術力だからこそ、ライバル会社が真似できない強みとなったのです。

　さて、競争に勝つための戦略として、2つの考え方を説明してきました。みなさんがしっくりくるのは、どちらの戦略でしょうか？　また、みなさんが好きな商品やよく行くお店は、どちらの戦略で成功していると思いますか？　これらを深く考えてみることで、いつもとは違った観点から買い物ができるかもしれません。

1　石井淳蔵・奥村昭博・加護野忠男・野中郁次郎（1996）『経営戦略論［新版］』有斐閣。

2　Porter, M. E. (1998) *On Competition*, Harvard Business School Press.（竹内弘高訳（1999）『競争戦略論 I』ダイヤモンド社）

3　Barney, J. B. (2002) *Gaining and Sustaining Competitive Advantage (Second Editon)*, Pearson Education.（岡田正大訳（2003）『企業戦略論：競争優位の構築と持続（上・中・下）』ダイヤモンド社）

戦略を立てて競争に打ち勝とう

04 欲しいを作るマーケティング

みなさんが何かを買うとき、その商品やサービスが「欲しい」と思って、お金を払っていると思います。「欲しい」とは、飲みたい、食べたい、使いたい、行きたい、といった様々な欲求が含まれます。

「マーケティング」とは、お客さんに「欲しい」と思ってもらうためにはどうすればいいかを考えることです。

商売は、お客さんにお金を払ってもらわないと成り立ちません。マーケティングは、そのお客さんにどう働きかけるのかを考える、いわば商売の根幹とも言える考え方なのです。

1 マーケティングとは何か

マーケティングとは、お客さんが何を求めているのかをよく考えて、商品やサービスが「売れる仕組み」を作ることです。売れる仕組みとは、こうすればきっと売れるだろうという作戦を立てることで、まず「①誰に、②何を、③どうやって売るのか」を考えることが必要になります（図4-1参照）。

図 4-1　マーケティングのプロセス

2 「誰に」を考える

まず考えなくてはいけないのが、「どんなお客さんに買ってもらいたいのか」ということです。マーケティング用語では、「**顧客ターゲット**」と言います。顧客ターゲットは、様々な切り口で設定することができます。たとえば、「20代の都会で働くビジネスマン」とか「30代の子育てしている主婦」など、年齢、性別、地域、職業などで分類する方法がありますが、どういうお客さんなのかイメージしやすいことが重要です。

みなさんが菓子メーカーで働いていて、高校生向けにグミの新商品を企画していると想像してみてください。

顧客ターゲットは高校生ですが、もう少し具体的にイメージできたほうがいいでしょう。「進学を控えた受験生」、「部活動をしている高校生」、「おしゃれが好きな高校生」といった具合にいろいろな切り口で設定できます。ここでは、「部活動に打ち込むアクティブな高校生」を顧客ターゲットとしてみます。

3 「何を」を考える

顧客ターゲットがイメージできたら、次は「何を」を考えます。「何を」とは、「どんな特徴でお客さんを満足させるのか」ということです。大事なのは、お客さんが「こんなときに欲しい」や「あったらいいな」と思うことが何なのかを考えることです。このようなお客さんが心のどこかで持っている欲求のことを「**顧客ニーズ**」と言います。

「好きな時間に軽く運動したいな」という顧客ニーズに応えたのが、24時間営業で気軽に利用できるコンビニジムの「chocoZAP（チョコザップ）」です。

では、グミの新商品の話に戻ります。部活動を頑張っている高校生は、どんなニーズを持っていると考えられますか。「部活動が始まる前に気軽に栄養補給がしたい」、「部活動の後に疲労回復したい」などのニーズがあ

るでしょう。気軽に食べられて、栄養もあって、疲労回復の効果があるグミがあれば、顧客ターゲットの高校生に満足してもらえるのではないでしょうか。

4 「どうやって」を考える

どんなお客さんに、どんな特徴で満足してもらうのかを決めたら、「どうやって」売るのかを考えます。その際には4つの要素を考えるのがよいと言われています。この4つの要素は「マーケティング・ミックス」と呼ばれ、「①商品・サービス（Product）」、「②価格（Price）」、「③流通（Place）」、「④プロモーション（Promotion）」の4つを組み合わせることを言います。マーケティング・ミックスは、それぞれの頭文字から、「4P」とも呼ばれています（図4-2参照）。

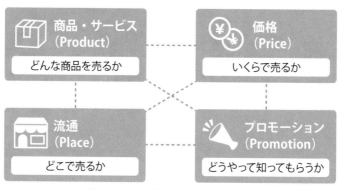

図 4-2　マーケティング・ミックス

商品・サービス（Product）

どんな商品やサービスを売るのかを具体的に考えます。商品であれば、機能、品質、味、名前、デザイン、サイズなどの特性を考えることになります。

部活動の前後に栄養補給ができるグミであれば、どんな商品を考えれば

よいでしょうか。

　運動の前後に食べることを想定して、さっぱりとした爽快感のある味にして、食感はやわらかめで、食べやすく、消化にいいグミはどうでしょうか。素早い栄養補給と運動後のリカバリーをサポートするため、炭水化物やアミノ酸といった成分を配合します。

　少し食べ応えのある大きめの一口サイズにして、パッケージは持ち運びに便利なチャック付きで、元気な若者をイメージした明るい色で、スポーツ漫画っぽいロゴデザイン、というようにさらに特性を考えていきます。

価格（Price）

　商品やサービスの特性に合わせて、価格を設定します。いかに良い商品やサービスであっても、適正な価格で提供できなければ、お客さんは買ってくれません。原材料や物流費などの費用を計算したうえで、利益が残せる価格を設定することになりますが、その価格がお客さんにとって、買いたいと思える価格なのか、他の商品の価格と比べることも重要です。

　グミの場合は、大きさやサイズはいろいろありますが、一袋50gから100gぐらいの商品が多く、お店では150円〜250円ぐらいで売られているものが多いです。食べ盛りの高校生向けの商品ですので、一袋100g入りで200円ぐらいで販売できるとよいでしょう。

流通（Place）

　次にお客さんに買ってもらう場所、すなわち「どこで売るか」を考えます。身近なコンビニエンスストアやスーパーマーケットはイメージしやすいと思いますが、他にも自動販売機で売るとか、ECサイトを使うとか、様々な方法が考えられます。

　また、飲食店などのサービス業では、どの地域に出店するのか、店舗は駅前なのか、幹線道路沿いなのかといった立地を考えることも必要になります。

　グミの新商品はどこで売るのがよいでしょうか。部活をしている高校生

にとって買いやすい場所となると、コンビニエンスストアやドラッグストアになるでしょう。さらに、店内のどこで売るかも考えましょう。グミが並んでいるお菓子の棚に陳列するのが普通ですが、あえて栄養補給系ゼリー飲料の近くで陳列するという売り方も面白いと思います。

プロモーション（Promotion）

　プロモーションとは、お客さんに「どうやって知ってもらうか」という活動全般のことです。テレビのCMや、新商品発表会のようなイベント、SNSでの発信、店頭のポスターなど、様々な方法があります。

　プロモーションにおいては、顧客ターゲットに対していかに効果的に伝えるかが重要です。お昼の時間帯にテレビCMを流せば、その時間帯に家でテレビを見ている高齢者層には伝わりやすいでしょう。一方で、学校に行っている子供たちや働きに出ている人には伝わりにくいので、顧客ターゲットによってうまく使い分ける必要があります。

　では、部活を頑張っている高校生に向けて、どのようにプロモーションをしていきますか。スマホ世代の高校生に対しては、SNSやYouTubeを使った発信は必須と言えるでしょう。さらに、注目度の高いスポーツイベントのテレビ中継でCMを流す、スポーツ大会の会場で試供品を配るといった施策も有効かも知れません。有名スポーツ選手とのタイアップも考えられますね。

　マーケティングでは、このように「売れる仕組み」を作ります。お客さんが、誰で、どんなニーズがあるのかを想像し、施策を考え、機能するように組み立てるのです。

　みなさんも、未来の新商品や新サービスの「売れる仕組み」を考えてみてはいかがでしょうか。

05 よりよい社会を実現する イノベーション

　みなさんのまわりを見ても、スマートウオッチとか植物由来のタンパク源としての大豆ミートとか、新しい製品が登場しています。また、TikTokのようなショート動画を中心に扱うSNSが若い世代中心に普及しています。レストランに行っても、接客ロボットがサービスを提供したりしています。このように、世の中には新たな製品やサービスが次々と出てきています。

1 イノベーションとは

　最近、「イノベーション」という語をよく見たり聞いたりします。Googleで検索してみると、執筆時点の情報ですが、約79,900,000件もヒットします。英語で"innovation"と入れると約2,230,000,000件もヒットします。このようにイノベーションという言葉は日本だけでなく世界でもたくさん使われています。

　イノベーションを一言で言うと、「何か新しいコト」となります。スマートフォンのようなモノの場合もありますし、SNSのような画期的なサービスの場合もあります。

　イノベーションを最初に議論したのはヨーゼフ・A・シュンペーターというオーストリアの経済学者です。シュンペーターは、『経済発展の理論』[1] という著書の中で、「新結合」という言葉を用いて、「経済活動の中で生産手段や資源、労働力などをそれまでとは異なるやり方で新結合すること」と述べています。

　たとえば、みなさんが日々使っているスマートフォンは新結合の一例です。それまでの電話やメールしかできなかった携帯電話に対し、スマートフォンは動画を含めた幅広いコミュニケーションの手段を提供していま

す。しかし、スマートフォンにはスマートフォンの出現以前にあった技術がたくさん使われています。電話機能や電子カメラ、音楽・動画プレーヤー、パソコン並みの検索やチャット機能などが結合して、新しいコミュニケーションの手段を提供しています（図5-1参照）。そのことで、多くの人にとって価値が高い「何か新しいコト」を生み出しました。

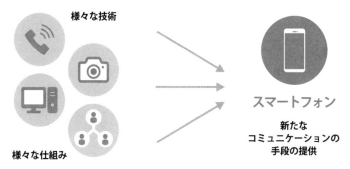

図 5-1　新結合の例：スマートフォン

　その後、シュンペーターは、「何か新しいコト」に対して「イノベーション」（innovation）という語を用いています。その本質は、「不断に古きものを破壊し新しきものを創造して、絶えず内部から経済構造を革命化する産業上の突然変異」、つまり「創造的破壊」であると述べています。創造的破壊とは、「何か新しいコト」を創造することによって、それまでにあった古い製品やサービスを置き換えてしまうことです。たとえば、移動手段についてみると、古くは鉄道や自動車の出現によって、馬車や人力車で移動することはなくなってしまいました。最近では、新幹線や飛行機という移動手段が出現しただけでなく、空飛ぶ車という移動手段も実現間近となっています。

2 イノベーションの種類

　このようなイノベーションの種類にはどのようなものがあるのでしょうか。先進国が集まる国際機関である経済協力開発機構（OECD）は、1992年にイノベーションを分析するためにオスロ・マニュアルを作成しました。そこでは、イノベーションの種類を、

　技術的な

　　①**製品イノベーション**、

　　②**工程イノベーション**、と

　非技術的な

　　③**組織イノベーション**、

　　④**マーケティング・イノベーション**

の4つに分類しています。

　最初の「①製品イノベーション」は新しいモノやサービスで、私たちの身のまわりにあふれています。先ほど例に挙げたスマートフォンだけでなく、ドローン、電気自動車、オンライン・ゲーム、オンライン医療などが挙げられます。その中には、日本発のものも多く含まれます。インスタント・ラーメン、ウォッシュレット、新幹線、回転ずし、内視鏡などがその例です。

　「②工程イノベーション」は消費者には直接目に見えませんが、たとえばロボットを用いた新しい生産方法があります。現在、自動車は多くのロボットや自動機械によって製造されていますし、毎日飲む牛乳やジュース、洋服もロボットや自動機械を用いて生産されています。ロボットや自動機械の導入により、少ない人手で均一な品質の製品を大量に生産することができるようになって、品質も安定し価格も格段に安くすることができました。

　「③組織イノベーション」は新しいビジネスの仕方です。たとえば日本全国どこにでもあるコンビニエンス・ストアの出店形態であるフランチャイズ方式がその一つです。資金もあまりないし社員もあまりいないけ

れどお店を増やしたいという場合にとても有意義な仕組みです。コンビニエンス・ストアでは、運営する会社が出店したいオーナーさんとフランチャイズ契約を結びます。店舗のオーナーさんはその看板が出ている会社から商品の仕入れや販売方法を提供してもらい、また著名なロゴマークの使用を許可してもらって利益を上げます。そして、オーナーさんと会社の両者で利益を分け合う形になっています。資本も少なくノウハウもない小規模店舗のオーナーさんも店舗の運営が可能となります。

「④マーケティング・イノベーション」はみなさんも身近に体験していると思います。以前は、商品を購入するためには必ず店舗で購入する必要がありました。今は、インターネットを通じて好きな時間に買い物ができます。また、商品を自分で持ち帰らなくても都合の良い時間に配送してもらえるのでとても便利です。外国や遠方の商品も簡単に購入することができます。

3 イノベーションは社会・経済をよりよくする

このように、イノベーションは社会をより良くために必要です。これまでと同じ方法では、たとえば地球環境問題や健康の問題を解決することはできません。太陽光発電や風力発電といったイノベーションはCO_2削減によって地球温暖化といった地球環境問題の解決に道筋をつけます。また、新しい治療薬や予防ワクチンの開発といったイノベーションは病気の問題解決に貢献しています。

イノベーションは私たちの生活をより良くするために必要です。これまでと全く同じ製品や方法では、今の生活がより便利になることも、より快適になることも、より楽しくなることもありません。新幹線や飛行機、パソコンやスマートフォン、お掃除ロボットのおかげで、生活がより便利になりました。エアコンや給湯器のおかげで生活がより快適になりました。ゲーム機や動画を高速で送る通信回線のおかげで楽しみが増えました。

イノベーションは企業がビジネスを行う上でも重要です。パソコンやス

マートフォンを世に出したアップル社の創業者の1人であるスティーブ・ジョブズは「イノベーションは（ビジネスで）勝つための唯一の道だ」と言っています。

　日本は長寿な国民だと言われますが、長寿な企業も多いのです。創業100年以上の長寿企業は約5万社あるし、創業200年以上の企業は3000社以上あります。こうした企業の長寿の理由は「伝統の継承と革新」だそうです[2]。企業の長寿のためにもイノベーションにより新しい価値を絶えず提供することが必要です。

　このように、社会・経済をより良くするためにはイノベーションは不可欠です。世界銀行によると、東アジアにおける経済成長の30%が技術進歩、つまりイノベーションによると言われています[3]。

4　イノベーションの実現までには多くのハードルがある

　このように、イノベーションは社会・経済とってとても重要です。問題の解決や物事をより良くするために、新しいアイデアや発明・発見によってイノベーションが開始されますが、イノベーションは世の中にとっても「新しいコト」なのでそれを実現するのはとても大変です。

　たとえば、アメリカの化学工業の製品の例では、アイデア段階から商業的成功を収める確率は何と3000分の1と言われています。具体的には、3000のアイデアから300の提案がなされ、125の有望なテーマが選択されて研究されます。その中から実際の製品開発に向かうのは9件です。そのうちの4件が大プロジェクトとして事業化が目指され、そのうちの1.7件が実際の事業になり、やっと1件が商業的成功を収めると言われています[4]。

　イノベーションの世界では、研究から製品開発への困難さを「魔の川」、製品開発から事業化への困難さを「死の谷」、事業化から競争に打ち勝って淘汰されずに事業の成功に至る困難さを「ダーウィンの海」と表現します（図5-2を参照）。

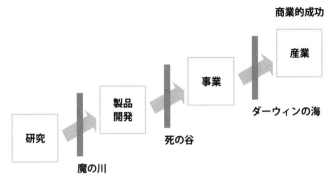

図 5-2　イノベーション実現までのチャレンジ

　研究所で良い試作品ができてもすぐに壊れたり、作るのが大変だったりでは製品になりません。新しいアイデアを用いて試行錯誤を繰り返して大学なども含めた他の組織の人たちと協力したりしてやっと製品に仕上げて「魔の川」を越えます。また、せっかく1つ製品ができても本当に工場で安く製造できるように設備や人員を整えられるのか、消費者に受け入れてもらえるような売り方ができるのか、販売後のサービス体制ができているのか、といったいくつものことが達成できないと事業化できません。たとえば、昨今、環境負荷が最も少ないといわれている水素自動車が製品化できても、高価な機械や材料を使わないと生産できなかったり、街中に水素ステーションが整備されていなかったりすると、多くの顧客に販売することができません。社内の生産、経理、営業といった部門と協力したり、関連する他の企業と連携したりして「死の谷」を越えます。さらに、事業化しても競争相手がたくさんいるかもしれません。製品を改良したり作り方や売り方を工夫したりして市場の競争に打ち勝ってやっと「ダーウィンの海」を泳ぎ切って商業的成功にたどり着けます。

5 おわりに

　イノベーションは、ビジネスを行う上でも環境問題の解決や経済全体の成長を実現するためにも必要ですし、私たちの生活を快適にします。しかし、イノベーションは世の中にとって新しいことなので、社会で実用されるようになるまでにはいろいろな苦労があります。それでも大企業、中小企業がそれぞれの長所を生かし、また、第1章に述べたように、個々人がアントレプレナーとして、社会・経済の発展のためにイノベーションを牽引していく必要があります。

参考文献

1　J・A：シュンペーター、（訳）八木紀一郎、荒木詳二『経済発展の理論（初版）』、日本経済出版社、2020年。

2　久保田章市「百年企業の底力と課題」、碧い風　71、2011年3月。

3　世界銀行『東アジアの奇跡─経済成長と政府の役割』、1993年。

4　Gregory A. and Burley, J. (1997) "3000 raw ideas = 1 commercial success!" Research & Technology Management 40: 16-27.

05

よりよい社会を実現するイノベーション

06 経営にデジタルを

近年のデジタル・テクノロジーの進歩はすさまじいものがあります。たとえば、みなさんが普段使っているスマートフォンやSNS（LINE等のソーシャル・ネットワーキング・サービス）は、この10年の間に社会に普及してきたデジタル・テクノロジーです。おそらく、スマートフォンなしの生活は考えにくいと思います。デジタル・テクノロジーは、みなさんの生活だけでなく、社会に変化をもたらします。つまり、デジタル・テクノロジー活用することで、企業にとって大きなビジネスチャンスが広がります。

1 ビジネスチャンスをもたらすデジタル・テクノロジー

近年、特に影響力の大きいデジタル・テクノロジーとして、その頭文字をとってSMACIT（スマジット）と呼ばれています（図6-1参照）。

 S (Social)：SNS などのコミュニティやネットワーク

 M (Mobile)：スマートフォンなどのモバイル技術

 A (Analytics)：AI などのデータ分析技術

 C (Cloud)：インターネット上のクラウドサービス

 IT (IoT)：インターネットにつながるモノ

図 6-1　時代を変えるデジタル・テクノロジー：SMACIT

SMACITについて、一つ一つ見ていきましょう。

Social：SNSなどのコミュニティやネットワーク

SNS（ソーシャル・ネットワーキング・サービス）は、みなさんも普段から使われているので、それほど説明の必要がないかもしれません。インターネット上のコミュニティサイトで、具体的にはLINEのように国内で9,000万人を超える利用者がいるSNSもありますし、同じ趣味を持つ人同士が集まるローカルなSNSもあります。仲間同士で気になる情報の交換が可能となっています。

また、SNSは、誰もが投稿できるサービスがほとんどです。以前は、企業や専門家が情報発信の主体となっていましたが、いまは誰もが情報発信の主体となれます。そのことから、企業にとっては、広告などを通じて商品を認知するためのツールとして利用できるだけでなく、たとえば発売したばかりの商品に対する感想等を情報取集することにも活用できます。また、ファン層とつながることができれば、顧客とより深い関係を作ることも可能となります。

企業にとって、SNSは情報発信だけでなく、顧客とつながるためのツールにもなります。

Mobile：スマートフォン等のモバイル技術

モバイルの代表はスマートフォンになります。スマートフォンは、屋外で持ち歩くことができるだけでなく、常時利用できる状態にあります。「オールウェーズON」という言葉にも代表されるように、これまでのPCと違い、いつでも必要な時に、必要な場所で情報を受けとったり、発信したりすることができます。SNSの普及も、モバイルが一つの要因であると考えられます。

もう一つ、スマートフォンを通じて、多くの機器やサービスとつなげることができます。たとえばイヤフォンのようなアクセサリーもありますが、QRコード決済はつながるサービスの代表例です（※QRコードは㈱デンソーウェー

ブの登録商標です)。スマートフォンとインターネットは相性が良いことから、顧客はアプリを通じて、様々なサービスにつなげることが可能となりました。

Analytics：AI等のデータ分析技術

AI（人工知能）は多くの機器やサービスに組み込まれています。たとえば自動車の自動運転やAmazonの商品のリコメンドはAIによるものです。それ以外にも、外国語の翻訳や災害の予測などにも利用されています。最近では、生成AIにより、チャット形式での質問にも回答できるようになりました。

世の中では、AI自体を夢のツールのように語られることがありますが、どんな仕事もこなせる万能のツールではありません。情報の分類や異常値の発見など、特定の目的において、おおむね最適と考えられる答えを探すのが得意なツールです。実は答えを間違うこともあるのですが、このようなAIをビジネスで使わない手はないと思います。一番よいと予想される答えを短期に得られるとすると、非常に強力なツールとなりうります。

Cloud：インターネット上のクラウドサービス

クラウドサービスとはインターネットの先にあるコンピューターやデジタルサービスのことをいいます。みなさんがスマートフォンでお使いのアプリはほぼクラウドサービスといってよいでしょう。

データだけでなく、プログラム自体もインターネットの先にあります。どこにコンピューターやサービスがあるのかわからないので雲の中、つまりクラウドという言葉を使っています。クラウドサービスはインターネットの先にあるので、インターネットにつながれば、どのような場所、どのような時間でも利用できます。ネットショップがどのような機器からも利用できるのは、このようなクラウドサービスがベースにあるからです。

IT（IoT）：インターネットにつながるモノ

インターネットにつながるのは、PCやスマートフォンだけではありま

せん。たとえば、最近の自動販売機もインターネットにつなげることが可能です。品切れになりそうなジュースを会社のオフィスから確認できると便利だと思いませんか？

　このように、これまでは人が出向いて確認していたものが、モノがインターネットにつながることで利便性を高めることができます。たとえば、お店やイベント会場の込み具合は、スマートフォンを一つのモノとして位置情報を収集しているからです。

2　先進的なデジタル・テクノロジーを どのように経営に活かすのか

　デジタル・テクノロジーを経営に活かすにあたり、使いたい技術ありきで考えるのはあまりよくないアプローチといわれています。それは、顧客が何を求めているのか、何を価値と考えるか最初に考えるべきだからです。つまり、マーケティング戦略の基本的なアプローチと同じです（図6-2参照）。

　ただ、最近はデジタル・テクノロジーなしで、価値の提供は難しくなっています。それは価値が商品そのものから、実際に商品を使用する際の「コト」に移行しているからです。

図 6-2　顧客が求めている「コト」から始める

たとえば、健康を維持したい方に向けたサービスを考えてみましょう。最近の腕時計はスマートフォン経由でインターネットにログ（活動履歴）が残る製品もあらわれています。以前、腕時計は時間を確認するためのものでしたが、最近は健康状態を測るものととらえる方が増えてきました。一日に歩く歩数がわかるだけでなく、最近は一日の消費カロリーや睡眠状態まで測れるようになってきました。このように、デジタル技術の発展に伴い、顧客が腕時計に求めるものが時間から健康状態の計測ツールという新たな用途（コト）に変化しています。

　具体的なテクノロジーの利用を解説すると、IoTとしての腕時計をモバイルのスマートフォン経由でクラウドに心拍数や睡眠状態のログを残し、AIで分析して健康状態のフィードバックを行うというものです。健康のモチベーションを高めるために、場合によってはSNSを通じて仲間と情報共有も可能です（図6-3参照）。

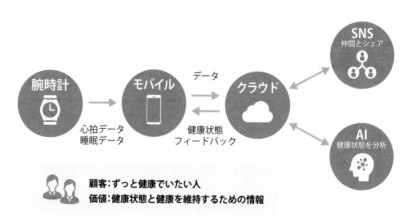

図 6-3　デジタル・テクノロジーで健康状態を最適に

　デジタル・テクノロジーによって、顧客の日々の体験を新たなものに変化させることが可能となります。企業が目指す価値の提供をデジタル・テクノロジーによって大きく拡大させることで、新たなビジネスチャンスをつかみ取ることが可能となります。

06

経営にデジタルを

社会的責任と地域社会

07 SDGs

SDGsと聞いて、みなさんがすぐにハハーンと思い浮かべるのは、チャーミングなアイコンが並んだロゴ（図7-1）だと思います。この用語やロゴが、いろいろなところで使われて、広く定着してきているのは、とてもうれしいことです。SDGsは、2015年の国連サミットで採択された、国際社会の共通目標で、2030年までに実現を目指しているものです。そこでは、全体を貫くテーマとして「だれ一人取り残さない（no one will be left behind）」と高らかに宣言されています。

図 7-1　持続的な開発目標

出典：国際連合広報局

1 いま、なぜSDGs？

持続可能な開発目標（Sustainable Development Goals）は、2015年の国連サミットにおいて全会一致で採択されたもので、上記の図7-1にみられる17の目標（ゴール）とこれらを実現するための169のターゲッ

ト（具体目標）からなっています[1]。

　地球の面積は変わらないのに、人口が増え、人間が消費する資源が増え、地球環境への負担が大きくなりすぎて、このままでいくと宇宙船地球号が持続できなくなるという大きな反省と強い危機感から、生まれたものです。

　17の目標は、とても幅広く、人々の日々の生活に密着したところから、福祉や教育、産業や経済、エネルギーや資源、地球環境や世界平和までをカバーしています。また、それぞれの目標を実現するため、きめ細かな目標であるターゲットが、あわせて169も定められています。

　これだけ広いので、その担い手は、国だけでなく、自治体や企業から個人に至るまで、あらゆるところが手を携えて実現していかなければならないものです。

2　SDGsを読み解く5つのP

　SDGsの理解を深める考え方に、**5つのP**があります。これは、17の目標を、People（人間）、Prosperity（豊かさ）、Planet（地球）、Peace（平和）とPartnership（パートナーシップ）の5つのカテゴリーに分けるもので、全体像をすっきり理解するアプローチとしては、なかなかの優れものです（図7-2）。

図 7-2　SDGsと5P
出典：国際連合広報局

---

[1]　17の目標に対する取り組みは、下記より参照できます。

https://www.un.org/sustainabledevelopment/

また、本書の内容は国際連合によって承認されたものではなく、国際連合、その職員、加盟国の見解を反映するものではありません。執筆者の見解をまとめたものです。

People（人間）

すべての人が尊厳を持ち、平和に、健全な環境で生活できる（目標：1、2、3、4、5、6）

Prosperity（豊かさ）

すべての人が豊かで充実した生活ができ、自然と調和した発展を確保出来る（目標：7、8、9、10、11）

Planet（地球）

持続可能な資源の消費や気候変動への対応により地球を守る（目標：12、13、14、15）

Peace（平和）

恐怖と暴力のない平和で公正な社会を育てる（目標：16）

Partnership（パートナーシップ）

国や個人も含むすべての関係者の参加とパートナーシップによりこれらの目標を実現する（目標：17）

3 様々なところに根付いているSDGs

学校教育の現場では

　SDGsを実現するための主役は、人です。人づくりの最初のステップは、まず、何をおいても教育です。素晴らしいことに、小学校から大学まで、ほとんど全ての教育現場で、多彩な取り組みが行われ、将来、社会の中心となって活躍してくれる人材が育っています。たとえば、東京都江戸川区立江戸川小学校では、各学年において、「だれ一人取り残さない」の実現を目指しています。慶応義塾大学湘南藤沢キャンパスでは、「キャンパスSDGs」のスローガンで、キャンパスという小さな社会でのSDGs達成を

目指しています。

企業の現場では

　SDGsの要請にもっとも素早く反応しているのは、企業です。企業の大きな目的は、より良い製品やサービスを提供することにより、社会と顧客に受け入れられ、より多くの利益を上げ、従業員をより幸せにし、株主により多く配当し、投資家から資金を集めやすくすることです。このような宿命にある企業にとって、SDGsの実現にしっかり取り組むことは、次のようなメリットがあります。このことは、たくさんの企業のこれまでのパフォーマンスを見れば、明らかです。

　第一に、企業のブランドイメージの向上につながります。お客様からの信頼向上やイメージアップにより、まさに「選ばれる企業」への道が開けます。

　第二に、新しいビジネスが生まれるチャンスが広がります。それまであまり気にしてこなかった世界スケールの視野を持つことにより、新しいビジネスの種の発見につながります。

　第三に、社員のモチベーションの向上です。考えてみてください。これまで当たり前のようにやってきた日々の仕事が、自分達の会社の枠を超え、広く世界規模で貢献していると思えるだけで、仕事のやりがいの認識が、グッと深まること、請け合いです。家族や友達にも、一層自信をもって、自分の仕事について語れますので、気分爽快ですね。

　第四に、投資家へのアピールです。事業規模を大きくしたり、新たな分野に乗り出すためには、資金提供を受ける必要がありますが、投資家や金融機関も、投資先の企業が社会や持続的発展に貢献しているか否かは、最も重要な判断基準になっています。どうぞ、みなさんが関心を持ったり、ちょっと気になる企業があれば、ウェブサイトをのぞいてみてください。各企業が、SDGsに様々な工夫をしており組んでいる様子が、活き活きと伝わってきます。

07
SDGs

自治体運営の現場では

　みなさんは「**SDGs未来都市**」って聞いたことがありますか？　SDGs のコンセプトは、我々の生活の基本単位である地方自治体の運営の大方針としても、取り入れられています。これは、政府が、経済・社会・環境の三つの側面で持続可能な開発を実現するポテンシャルが高い自治体を選定し、集中的に支援し、成功事例を、日本だけでなく世界に向けて発信しようとする取り組みです。2018年に始まり、2023年5月には182都市に達し、2024年3月末までには、210都市に達する見込みです（図7-3　北陸地方のSDGs未来都市一覧）。

図 7-3　北陸地方のSDGs未来都市一覧
作成資料：内閣府地方創生推進事務局（https://www.chisou.go.jp/tiiki/ kankyo/miraitoshi/itiran/03_hokuriku.html　2024年2月28日 アクセス）を基に作成

　いわば、自治体の間での、住みやすさ、生活の質、就業の機会、環境へのやさしさなどを基準とした、よい意味での「大競争」です。選定された自治体では、その地域の特徴や強みを活かした工夫がされており、これま

での自治体運営が一皮むけて、企業経営のような魅力と迫力を感じさせてくれます。一言で地域をアピールするキャッチコピーにも、それが表れており、新しい時代の始まりを予感させてくれます。

［キャッチコピーの例］

　新潟県佐渡市（2022年選定）

　　人が豊かにトキと暮らす黄金の里山里海文化、佐渡

　新潟県妙高市（2021年選定）

　　生命地域妙高プロジェクト〜Beyond 2030 SDGs ゼロカーボンへの挑戦〜

　福井県鯖江市（2019年選定）

　　女性が輝くめがねのまちさばえ〜女性のエンパワーメントが地域をエンパワーメントする〜

4　SDGsの評価は？

　みなさんは、SDGsの17の目標と、世界で起こっている現実とのギャップに驚き、あるいは、がっかりするかもしれません。SDGs全体を貫く大きなテーマである「だれ一人取り残さない」は、ウクライナやパレスティナ・ガザ地区で起こっていること、アフリカで続いている深刻な食糧不足、文字通り命がけでヨーロッパを目指す膨大な数の難民を見れば、実現には程遠いと思うのは、無理ありません。

　一方、日本はじめ様々な国で、世界の何十万という企業が、また多くの自治体やみなさんのような個人が、SDGsを意識し、その実現に努力していることも、とても重要な事実です。世界の変化はゆっくりでも、SDGsという目標を人類が共有できたことは、大きな勇気を与えてくれます。そう、みなさん一人一人が、その重要な担い手です。

08 社会問題の解決と ソーシャルデザイン

　地球温暖化、紛争、貧困、児童労働など、私たちが暮らす世界には、様々な社会問題があります。国内においても、人口減少、少子高齢化、空き家、買物困難、耕作放棄地などをはじめとして多くの社会問題を抱えています。みなさんも、世界には食べ物が不足して苦しんでいる人々が大勢いることを知っていると思います。その一方で、多くの食べ物が利用されずに捨てられていることもテレビや新聞を通じて知っているのではないでしょうか。こうした社会問題の解決に向けて、新たなビジネスや社会活動の仕組みを創ることがソーシャルデザインの目的です。社会問題の解決に関心のある人は、ぜひ、ソーシャルデザインについて学習しましょう。

社会問題例

・飢餓問題
・空き家問題
・買物困難問題

ソーシャルデザイン例

・寄附付き商品の販売（寄附金を集めて食糧を提供）
・シェアハウスへ転用（空き家を活用し居住者を確保）
・移動スーパーの提供（食料品を車両に載せ移動販売）

図 8-1　ソーシャルデザイン（社会問題の解決へ）

1 私たちが抱える社会問題

　私たちの身の回りには、解決しなければならない社会問題がたくさんあります。社会問題とは、私たちが暮らす社会全体に影響を及ぼす深刻な問題です。自然環境を見渡すと、海洋汚染、大気汚染、森林破壊といった問題に気がつくことができるでしょう。また、生活困窮者、障がい者、買物困難者、交通弱者など弱い立場に置かれた人たちのことを想像すると、社会全体として改善しなければならない問題がたくさんあることに気がつくと思います。私たちは社会問題に関心を持ち、問題の背景や原因を調べることが大切です。そして、ビジネスや社会活動を通じて社会問題を解決

し、地球にも人にも優しい社会を実現していくことが求められています。

2 社会問題の解決者

社会問題は、誰が解決するのでしょうか。地球温暖化、海洋汚染といった地球規模の社会問題や、人口減少、少子高齢化などをはじめとした我が国が抱える社会問題は、国や自治体が解決に取り組んでいます。経済的手法（課税や補助金等）、規制的手法（制限や義務化等）、情報的手法（説明やPR等）などを通じて対策が行われていますが、簡単には解決することができず、残念ながら多くの社会問題は、解決途中の段階です。

こうした状況に対して、企業は、持続的な経営（環境や社会に配慮した経営）や社会貢献活動などを通じて、社会問題の解決に協力してきましたが、最近ではより良い社会を築くことに熱意を持った企業が、ビジネスを通じて社会問題の解決に取り組んでいます。また、企業だけではなく、NPO法人や地域住民も、小規模なビジネスや社会活動を通じて、社会問題の解決に挑戦しています。

3 ビジネスや社会活動を通じて社会問題を解決

たとえば、私たちが暮らしている新潟県も、様々な社会問題を抱えています。新潟県内の企業、社会福祉法人、NPO法人が、社会問題の解決に取り組んでいる事例を紹介します。

買物困難を解決するビジネス＝移動販売

青果店、鮮魚店、精肉店などの減少や高齢化に伴い、日常的な買物に不便を感じる人たちが少なくありません。運転免許のない高齢者やエレベーターのない団地に住んでいる高齢者は、食料品などの買物に苦労しています。

有料老人ホームや訪問介護ステーションなどを運営する株式会社メ

ディカル・エージェンシー・ジャパン（新潟市中央区）は、移動販売を行い、高齢者などの買物困難の解決に取り組んでいます。食料品や日用品などを小型トラックに積み込み、新潟市中央区や西区の買物不便地域を定期的に巡回しています。

出典：サニーウイングHP　https://maj.co.jp/news/index.php?e=8

障がい者の就労困難を解決するビジネス＝自家焙煎カフェ

　国は、障がい者雇用率制度（障がい者の雇用を一定割合義務付けた制度）や就労継続支援事業（一般企業に雇用されることが困難な人たちに就労機会を提供）などを通じて、障がい者の就労を支援しています。しかし、障害を抱える人たちの就労は、必ずしも容易ではありません。また、就労継続支援事業所における賃金や工賃は、とても低い状況です。

　社会福祉法人とよさか福祉会（新潟市北区）では、株式会社鈴木コーヒー（新潟市中央区）と連携して、自家焙煎カフェ「ドンバスコーヒーロースターズ」を2023年7月に新潟市北区に開業しました。就労継続支援事業所であるこのカフェは、障害を抱える人たちに雇用機会を提供するとともに、工賃の向上とやりがいの発見につながる職場になることを目指しています。

出典：社会福祉法人とよさか福祉会提供

子どもの貧困や孤独を解決する社会活動：子ども食堂

　生活の困窮により満足にごはんを食べることができない子どもたちがいます。また、家庭の事情により一人で食事をせざるを得ない子どもたちもいます。子ども同士で遊ぶ機会が減少し、社会とのつながりが薄れるに伴い、孤独に過ごす子どもたちが放置されている現実があります。

　NPO法人Lily&Marry'S（新潟市中央区）は、新潟市中央区古町で子ども食堂「地球の子供食堂と宿題Cafe」を開設し、子どもの孤食や孤独などを解決する活動を行っています。飲食店内に子ども食堂を併設して、水曜以外毎日食事を提供しています。さらに、ボランティアが勉強を指導し、ゲーム機や漫画なども備えることで、子どもたちが楽しく過ごせる居場所となっています。

筆者撮影

4 ソーシャルデザインとは

　ソーシャルデザインの授業では、ソーシャルデザインとは、ビジネスや社会活動を通じて社会問題を解決する仕組みを創ることと捉えています。ソーシャルデザインの授業では、買物困難者、交通弱者、高齢者、障がい者などに関する社会問題を取り上げ、ビジネスや社会活動を通じて、社会問題の解決に挑戦している事例を解説します。社会問題を解決する方法とともに、収益を確保してビジネスとして継続的に展開する仕組みも説明します。さらに、社会問題の解決案を検討するプロセスについても詳しく解説し、学生の問題解決力の向上に努めています。

5 企業が求める問題解決力について学習

　企業は、問題解決力の高い人材を求めています。新しい商品やサービスを提供するためには、身の回りの不便、不快、不足などの問題に気がつくとともに、その原因を分析して解決策を考案する能力が必要になります。社会問題の解決に取り組むソーシャルデザインの検討プロセスは、新しい

商品やサービスを創り出すプロセスとほぼ同様ですので、ソーシャルデザインの学習は、仕事に直接役立ちます。

　私たちの身の回りは、すでに多種多様な商品やサービスにあふれていますので、社会問題の解決策を考案することは、新たなビジネスにつながる可能性があります。ソーシャルデザインは、社会問題を解決しつつ、新たなビジネスを生み出すことができる魅力的な領域です。

09 発展する地域と衰退する地域

　現代は日本全体で人口減少が続く厳しい時代です。しかし、多くの地域が衰退する、どんなに厳しい時代でも、必ず発展する地域があります。地域の盛衰の分かれ目にあるのは、経済活動の活発さ、不活発さ、それを支える、絶えざる技術開発（イノベーション）とそれを継承していく人材の育成です。その営みを継続的に、地域全体で進められるかどうかに地域の盛衰が掛かっています。本章では新潟県の燕三条地域の発展への取り組みを紹介していきます。

1 地域盛衰の分かれ目となる要素

　具体的には発展する地域は何が違うのでしょうか。地域の発展と衰退の分かれ目は次の五つの要素から説明できます。

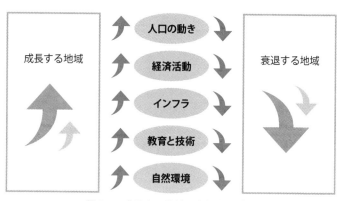

図 9-1　成長する地域と衰退する地域

筆者作成

① 人口動態です。成長する地域では人口が増えていくのに対して、衰退する地域は人口が減少していきます。

② 人口の増減は、経済活動の活発さ、不活発さと関係しています。発展地域では新しい企業も登場し、雇用機会が増えていくのに対して、逆に衰退地域では企業閉鎖が進み、雇用も減少していきます。

③ 経済活動を支えるインフラストラクチュア（基盤）でも、成長地域では交通機関整備、土地整備などが進む一方、衰退地域ではそうしたインフラストラクチュアが維持されない状況になっています。

④ 何よりも、経済活動を支えるのは、何といっても人です。成長地域では教育機関を中心に人材育成が進み、あわせて新しい技術開発が進んでいます。

⑤ また、私達が住み、活動する地域の自然環境をどう保全するか、成長地域では住みやすく、自然な環境と共生しています。衰退地域では自然環境の保全も行き届かず、荒廃していきます。

これらの5つの要素はすべて関連しています。地域に住み、活動する私達が、一つ一つの要素を大事にしていくことが、私達の将来、未来にとっても大事なことです。

２ 地域経済を支える伝統と革新

特に、発展する地域経済の経済活動には必ずそれを支える、継承された産業の「伝統」と新たなイノベーション「革新」が融合しています。金属加工で世界的に名高い新潟の燕三条地域は絶好の例です。この地域は金属加工業で有名で、長い「伝統」と現代の「革新」が見事に融合しています。

燕三条地域は、数百年にわたる金属加工の歴史、「伝統」を持っています。江戸の発展に伴って始まった「和釘」の製造から始まった金属加工の歴史。この地域の職人たちは、代々受け継がれる技術と知識を用いて、高品質な金属製品を作り続けてきました。たとえば、美しい仕上がりのナイ

図 9-2　燕三条とは
出典：公益財団法人 燕三条地場産業振興センター　https://www.
tsubamesanjo.jp/kanko/about/ 20240203閲覧

フ、スプーンなど洋食器や、機能性に優れた調理器具などが有名です。職
人たちの繊細な手仕事は、製品の品質を保証する重要な要素です。彼らの
熟練した職人的技術は、燕三条の製品が国内外で高く評価される理由の一
つです。

　この地域の伝統的な製造方法は、長い年月を経て、地域で継承されてき
た「伝統」的な価値を持っています。

　燕三条では、伝統的な製造技術に最新の技術を組み合わせることで、製
品の品質と付加価値をさらに向上させています。絶え間ない「革新」で
す。たとえば、最新の機械を用いた精密な加工や、新しい素材の利用、そ
して江戸時代から現代に至る、歴史を超えた絶えざる市場ニーズへの対応
です。現代の市場は常に変化しています。燕三条の企業も、内外の消費者

図 9-3　燕三条職人
出典：撮影：Photo Studio USUTA

のニーズや嗜好の変化に応じて、新しいデザインや機能を持った製品を開発しています。

　「革新」を通じて、燕三条は新しい市場を開拓し、地域経済を活性化させています。新しい技術やアイデアは、新しいビジネスチャンスを生み出し、地域の雇用と経済の成長を支えています。

「伝統」を守ってきた先人達の努力

　しかし、今でこそ、燕三条地域は、世界的な金属加工産地になっていますが、そのルーツは決して生易しいものではなく、それは多くの困難を乗り切ってきた先人達の努力の賜物と言えます。

　もともと燕三条は、銅の産地であり、また日本海沿岸、信濃川など河川流域にあり、水運の便に恵まれた地域でした。水上輸送による木炭の輸送、江戸時代の北前船による鉄鉱石の輸送など、水運の利を活かすことできる地の利を持っていました。金属加工技術も陸路で近隣の会津からの技術伝承により実現したものです。江戸時代の大消費地であった江戸との交易は陸路を通じて行われていました。燃料、資材調達、技術導入、市場販路、いずれの面でも先人による開拓の歴史があります。

近代で特筆すべきことは、信濃川の治水です。現在でこそ、日本の米倉とも言われる新潟、越後ですが、かつては信濃川氾濫による水害が繰り返され、特に農業、地域産業に与える影響は甚大なものがありました。時の明治政府は、信濃川改良工事を決断し、山地を掘削する大河津分水建設が1907年に始まり、1931年に完成しました。大河津分水により信濃川が越後平野に達する前に一部を日本海に流すことで、信濃川の水位を引き下げ、信濃川流域を水害から守ることができるようになりました。

　大河津分水は信濃川流域全般に大きな恩恵をもたらしました。特に、お膝元の燕三条地域にとっては、その後の産業基盤を確立する上で、欠かすことのできない契機となったのです。

絶えざる技術伝承と職人育成の歴史

　燕三条地域の産業発展を支えた環境整備には、いくつかの重要な要素があります。これらの要素は、この地域が現代の金属加工業において成功を収める上で基盤となっています。燕三条地域は、長い歴史を通じて金属加工の技術を世代から世代へと伝えてきました。この地域では、職人の技術と知識が高く評価され、若い世代への技術伝承が重視されています。また、職人育成のための教育プログラムや研修システムが整備されており、高い技術力を持つ職人を継続的に輩出しています。特に、経営者同士の交流の輪も広がっており、共同で後継者の育成を行う取り組み、共同で多様なニーズへの受注に対応する企業間の協働の取り組みも進んでいます。何よりも、高い地域ブランドの構築に向けた起業家魂＝アントレプレナーシップを具現化する後継者を絶えず輩出しています。

　燕三条地域は、金属加工に特化した産業集積を形成しています。この地域には、原材料の供給者から加工業者、最終製品の製造者まで、金属加工に関わる4,000社に及ぶ、様々な企業が密集しています。これにより、効率的な供給網が確立され、企業間の協力関係が築かれています。

　同様に、燕三条の企業は、技術革新に積極的に投資しています。最新の機械導入や新しい製造技術の開発により、製品の品質向上と生産効率の改

善を図っています。「工場の祭典」という地域ぐるみでのOpen Factory
開催による内外市場への発信も目ざましく、内外ユーザーへのアピール、
地域ブランドの構築に寄与しています。このような継続的な技術革新、市
場への発信が、競争力の維持と産業の持続的な発展を支えています。

3 地域経済の発展モデル

　燕三条のような競争力のある地域ですら、今後の見通しは決して楽なも
のではありません。今後の人口推移予測では両市の人口予測のとおり、減
少傾向に歯止めが掛かっていません。

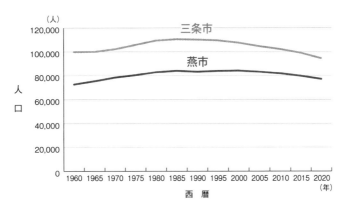

図 9-4　燕市 三条市 人口推移
作成資料：令和2年国勢調査資料を基に筆者作成

　しかし、他の地域が燕三条に学ぶべき点は、①核となる産業に地域資源
を投入することによる高い経済効果、②繰り返される後継者問題を解決す
るための地域をあげての人材育成、特に若い世代への技術伝承の教育的な
取り組みの重要性、③地域全体にみなぎる起業家魂＝アントレプレナー
シップの醸成、など、地域発展のモデルとして有効なものです。
　燕三条地域から学べることは、地域の盛衰は、その地域に住み、生活を

営む人たちが、絶え間なく、地域を良くしようとする活動、それを時代を
超えて行うことによるものだということです。

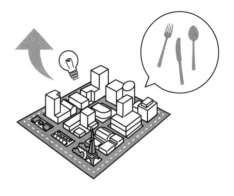

09

発展する地域と衰退する地域

10 まちづくりのデザイン

　日本の地方都市では、人口減少・青年人口の大都市（東京、大阪）への流出・高齢化等によって、都市を支える生産年齢人口が減っています。コロナ禍で増えたリモートワークという働き方が、オフィスごとに必要となる床面積の縮小を促し、オフィス需要も減少しています。

　各都市の中心市街地では、定住人口が減少を続けていて、かつて沢山の人達で賑わっていた通りも、店舗が閉店し空き店舗が目立つようになっています。百貨店や大型のスーパーマーケットも撤退して、まちとしての魅力と活気を失いつつあります。この状況を改善しようと、様々なかたちのまちづくりが行われています。店舗の再整備を行ったり、店舗の賃料を売り上げを考慮した変動制にしたり、お互いに関連し合う店舗を集めたテナントミックスを計画したり、新規出店者への支援を行うなど、中心市街地の活力を再生させるための試みは様々です。しかし、東京と同じモデルを一律に地方都市にも広げる時代ではないことも分かりつつあります。地方に住むことの意味を問い直し、定住者を増やすための魅力を創り出すことの大切さが、改めて求められ始めています。

　このような試みの中で、地域の人達が自らの環境を創り上げていく「まちづくり」が注目されています。この章では、まちづくりをデザインすることを目指して、地方都市の魅力をつくるために大学生が参加して行ったまちづくりを紹介します。都市の魅力を創るのは、まちづくりの得意な分野です。新潟県の三条市のまちづくりは、その一つです。

1 まちづくりのはじまり

　三条市は、新潟県の中央にある金物・工具製造で有名なものづくりのまちです。432km²、人口9.2万人の都市です。そのうち65歳以上の高齢者が51％で、高齢化がすすんでいる地域でもあります。JR弥彦線が高架化されました。高架下の道は、雨に濡れずに散歩できるので、高齢者、子供とお母さん、高校生の散歩・通学路になっています。この道に沿って、高

架化によってできた10カ所に、利用できていない狭い土地（約100m²～300m²）がありました。その土地を、地域の人達の憩いの場所・緑を楽しめる小さな公園（ポケットパーク）にすることになりました。

そのための予算は少ししかありません。通常のポケットパークを建設する費用の10～20％です。若い大学生と地域の人達がボランティアで公園を建設するにしても、整地と造園にかかる費用、コンクリートや石などの材料費、植える木や草の購入費、水道の敷設費等々があり、これらの金額を合わせると、全く可能性が見いだせません。若い大学生の独創的なアイデアが必要とされます。これまで、行われてきたやり方ではなく、この課題を解くためのまちづくりをデザインすることになりました。

さらに、地域住民とボランティアでポケットパークをつくるためには、皆で建設するための意味づけと新たな価値をポケットパークに設定することも考えねばなりません。

10
まちづくりのデザイン

2 ポケットパークづくりのアイデア

学生のみなさんと相談すると、いろいろなアイデアが出てきました。

・10カ所のポケットパークを繋ぎ、回遊できる散歩道を設定して、休憩機能をポケットパークに持たせる。

・家庭の生ゴミや落ち葉を発酵させて肥料に変えるコンポストを各ポケットパークに置いて、生ゴミの処理を行い、これをポケットパークの草木の肥料に使う。

・防災の拠点として、非常時には炊き出しができるような火と水が利用できる場所にする。

等々、それぞれ面白い案が出ましたが、ポケットパークの少ない建設費を補う案には至っていません。寄付型のクラウドファンディングは可能かもしれません。しかし、大きな建設費用を予定されている10カ所も集めるのは難しいでしょう。

みなさんだったら、どうしますか？　どのようなアイデアが可能でしょ

うか。少し、考えてみてください。三条市のポケットパーク建設の課題を整理すると以下です。

①10カ所の小さな土地に、地域のためのポケットパークをつくる

②各ポケットパークの予算は、通常の10〜20％

③地域の人達と大学生で、ポケットパークをデザインしてつくる

④ポケットパークが地域の特徴となる新しい価値・意味を持つ

⑤ポケットパークの建設後の管理運営（草取りや枝払い）を考える

この条件で、どのようなまちづくりをデザインできるか考えてみてください。困難なのは、少ない予算でポケットパークをつくることと、ポケットパークの特徴・価値・意味を考えることです。

これは難しい問題です。沢山のアイデアがあっても、解となるべきものがないかもしれません。その時々の状況によってアイデアのかたちも変わるかもしれません。

試しに、**生成AI**に相談してみました。「とても、チャレンジングなタスクだけど、可能性はある。慎重な計画と資源の創造的な活用を行うことが大切。再生材料の利用、ボランティアの協力、メンテナンスへの配慮、敷地の形を利用する、シンプルなデザイン」がその回答です。どれも解に近づいているようですが、それではどうすればいいのかが分かりません。

3 里山の緑をまちのなかに

一つの解として、この三条市のポケットパークづくりには、**里山の木々を移植する案**を考え出しました。草や木を、三条市周辺の里山から移植していこうというアイデアです。三条市はいくつかの里山に囲まれています。大崎山公園、白鷺森林公園、保内公園、トリムの森、曲谷城山、ヒメサユリ公園等、これらの里山に自生する樹木と草花でポケットパークをいっぱいにします。公園の建設には、ハナミズキなど多くの外来種の樹木・草花が使われています。地元の植物でポケットパークをつくれば、雪が降る三条の厳しい気候に適合してきた植物は、管理・育成の手間を省い

てすくすく育ってくれます。「里山の緑をまちのなかに」です。作業は全部ボランティアです。この方法だと、コンクリートの材料費と重機の借り上げ費で収まります。このまちづくりを実現するためには、里山の所有者から草木の移植の許可を得ることが必要です。公園の名前がついているものは市役所の所有で、一部民地部分の所有者からの許可も得て、樹木・草花の移植が可能となりました。

4 ポケットパークのデザイン

ポケットパークの場所には、小さいながらも多くの人達の記憶と思いがあり、周辺の家の人達からはそのデザインに要望もあります。陽の当たりかた、風の向き、雪の吹き込む方向、樹木の位置等への要望です。それらを丁寧に聞き取って、課題を整理してデザインの条件を決め、ポケットパークの機能、座る位置、樹木・草花を植える場所、水を使う場所、それぞれの形を住民の人達と学生とが話し合って決めていきます。里山からの樹木は、できるだけ**エディブルツリー**（食べられる実のなる木）にすること、腰を下ろす場所には三条特産の**和釘**とスギを使うこと、子供でも手が届く高さの木を中心に植えるというポケットパークの特徴が決まります。

ポケットパークづくりに関しては素人である住民と学生を支援してくれる専門家の参加はぜひとも必要です。三条市の建設業協同組合の青年部の人達と造園業協同組合の人達が、ボランティアで手助けしてくれることになりました。仕事のない休日に作業をするのが条件です。

5 ポケットパークづくり

里山の沢山の樹木・草花から、危険な植物・保護されている植物等を樹皮や葉で分別して、移植可能なものを選びます。選んだ樹木・草花は、根を大切に掘り出して「根回し」して麻袋でくるみます。草は、根と周りの土を一緒にビニール袋に入れて、種類ごとに分けます。それらをトラック

で集めて、仮植えの場所に移植して、ポケットパークの整地の完成を待ちます。

　敷地は地域の人達と一緒に整地して、コンクリートを打ち、レンガを埋めて、仮植えしておいた樹木・草花をデザインに沿って、ポケットパークに植えていきます。根に里山の昆虫の卵や草の種も混ざっていて、時間がたつとそれらが生長して里山の姿が現れます。このポケットパークを身近に感じてもらうために、地域の子供達が近くの河原で拾ってきた石をポケットパークに埋め込みました。石の記憶は、子供達が大人になった時に心に残る大切な宝です。

　こうして、三条市の弥彦線高架の下に、一つずつポケットパーク出来上がっていきました[1]。

図 10-1　ポケットパークづくり

6　まちづくりの力

　みなさんが考えた方法やデザインはどうだったでしょうか？　この三条市のポケットパークづくりは、地域のまちづくりの一例です。樹木・草花を里山から移植するという、全国でも初めての方法をもちいた特徴のあるまちづくりになっています。予算の少ないことが、このようなまちづくりを生んでくれました。

　このポケットパークの桜が花を付ける頃には、里山の桜も満開になっています。葉が赤く色づく頃には、里山も綺麗な紅色に染まっています。このポケットパークは、里山の様子を都市に住む我々に教えてくれる里山への窓です。秋にはブルーベリーの品種である「ナツハゼ」の紫の実を、子供達が摘んでジャムをつくります。このポケットパークに係わった地域の人達は、下草刈りや枝払いで管理してくれています。

　まちづくりのかたちは様々です。小さな力がたくさん集まれば、工夫とアイデアで、自らの環境を変えていく力を持ちます。そんなまちづくりをすすめていく機会は、私たちの周りに沢山あります。そして、実践的にまちづくりのデザインと計画を立てていくことは挑戦的なことですが、興味を持ってくださる方も沢山いると思います。まちづくりには、環境を変えるという本来の力とともにそこに参加する人達を学ばせてくれるという力も持っています[2]。

　開志専門職大学事業創造学部では、新潟の中心市街地・鳥屋野潟を対象として、まちづくりを計画していく実践的な実習が行われています。地域の人達と話し合いながら、情報を整理して、まちづくりのデザイン・計画を考え、地域に提案しています。みなさんが、これからどのようにまちづくりに向かっていけるのかを考えて、ぜひ行動してみてください。

1　西村伸也・髙橋鷹志他（2008）『環境とデザイン』朝倉書店。

2　西村伸也・仙石正和他（2007）『工学力のデザイン』丸善株式会社。

編3 企業運営の実践

11 会社をつくる

この章では、会社をつくり、豊かな社会を支えていくこととはどういうことかについて考えましょう。会社の形態や構造だけでなく、社会や環境に対する影響についても掘り下げていきます。

会社は社会での経済活動を行う基本単位となります。全国で約300万社ある会社はすべて組織としての構造を持ち、様々な意思決定や事業のマネジメントを行っています。本章では、会社の具体的な構造について、自動車のパーツに例えて説明した後、会社の役割を確認するために、会社の社会的インパクトに焦点を当ててこれからの会社のあり方を考えてみます。

1 会社とは

みなさんは「会社」と聞くとどんな会社を連想しますか。大きな企業や世界的に有名なApple、Google、トヨタ、任天堂など、身近なビッグネームを思いつくかもしれません。また、ご家族が勤務していたり、経営されたりしている会社かもしれません。最近脚光を浴びているベンチャー、もしくはスタートアップと呼ばれる企業は最新のテクノロジーや革新的なアイデアで急成長を遂げていますが、これらの企業も会社の仲間です。

この章で考える「会社」とは、ある明確な目的のために設立された組織で、多くの場合、商品やサービスを生産・販売して利益を得ることで成り立っています。その意味で、会社は社会で経済活動を行う基本的な単位の一つになります。

会社には株式会社や合同会社などの形態があります。共通していることは組織としていろいろな機能が組み合わされており、その機能が組み合わさって事業が運営されているということです。

そして、会社が存続するためには必ず利益が必要です。しかし現代社会では、「利益」一辺倒の会社は未来に向けて存続していくことは難しく、

後述する積極的な社会的インパクト（経済・社会・環境への好影響）の提供が求められています。

2 会社は明確な目的のために設立された組織、人の集まり

何か社会的に価値のあることに取り組もうとするとき、一人でできることには限界があります。アイデアを考えるときは3人寄れば文殊の知恵とも言われています。力仕事も手伝いが多いほどスピーディーでパワフルになります。人は昔から人と力を合わせて夢を達成してきました。

ところで、**ニーズ**という言葉をよく聞くと思います。ニーズとは簡単にいうと人や社会の困りごとです。これを仲間と解決するって素晴らしいと思いませんか。つまり、困りごとを人と力を合わせて解決する仕組みが会社というシステムです。会社をつくるとは、同じ思いや志をもった人が集まって、世の中の困りごとを解決する仕組みをつくることなのです。

会社を作るためには、個人や他の組織から資金を集め、また仲間を集めていくことになります（第2章の経営資源）。そして、資金・社員は商品やサービスの開発、生産、販売につながります。会社は顧客に対して価値ある商品やサービスを提供し、その代金として収益を得ることになります。

また、会社は普通、個人とは別の法的人格を持ちます。これを**法人**と呼びます。これにより、法律上会社は独自の財産を持ち、契約を結ぶことができます。一方で法的責任を負うことにもなります。

3 会社のカタチ（構造）

街には会社名のついた立派なビルはありますが、会社の中がどのようになっているか目で見て確認することはできません。わかりやすくするため、自動車の構造を例に説明していきましょう。

自動車は、安全に走行するために、様々なパーツが組み込まれていま

11

会社をつくる

す。パーツは独自の機能を持ち、パーツ全体が調和して自動車は運転できます。会社も、同じく様々なパーツで成り立ち、それぞれのパーツが支えあうことで活動できます。

図 11-1　自動車の主なパーツ

　それでは、それぞれの自動車のパーツに沿って、会社の構造を見ていきましょう。

①運転手・ハンドル・ブレーキ：経営者

　まず、運転手は経営者となります。自動車の進む方向は運転手が決めるのと同様に、経営者は会社の方向性を決定していきます。

　具体的には、経営者は**経営戦略**を立て、会社の組織や社員を導き、ビジョンを実現する役割を担います。ハンドルを切り、危険が迫るとブレーキを踏みます。

②ダッシュボード・カーナビ：会社経営の状況把握

　自動車を安全に運転するためには、現在の速度だけでなく、燃料は足りているか、今どこを走っているか（カーナビ）を確認しながら走らなくて

はなりません。

　経営にあたっては、売上、利益、シェア等の**経営状態**（ダッシュボード上の速度や燃料）を確認しつつ、事業目標（目的地）を確認しながら**経営判断**（ハンドル・ブレーキ）していきます。

③同乗者：監査・株主・社員等

　初めての道を一人で走るのは不安です。同乗者がいたほうが安心します。

　経営は、常に臨機応変な判断が求められます。日ごろはハンドルを経営者に任せていますが、出資者で決めた経営の方針から外れて暴走してはいけないので、経営者に対して適切な助言を行うだけでなく、時には警告も必要になります。このような人や組織を**ステークホルダー**とも呼びます。具体的には、企業が健全に事業を運営していることを社内（**監査**）、社外（**株主**や金融機関）が確認します。目に余る場合は、経営者を交代させたりする機能も持っています。

　もちろん、社員も同乗者に入ります。社長一人が頑張っても、会社は動かせません。同乗する社員が目標に向かって仕事をすることで、会社の活動は成り立ちます。

　次に、自動車内部のパーツについても見ていきましょう。

④エンジン：ビジネスモデル・収益化の仕組み

　自動車はエンジン（モーター）がなくては前に進みません。

　会社におけるエンジンは、**ビジネスモデル**となります。ビジネスモデルとは、簡単に言うと収益を生み出す仕組みです。具体的には、どのような顧客に、どのような商品・サービスを、どのような仕組みで販売するのかということです。他社がまねできない収益力があり、かつ効率的なビジネスモデルを持つことは会社の繁栄と存続の鍵となります。

11

会社をつくる

⑤燃料：経営資源（資金、従業員）・仕入れ

　同じく、自動車が前に進むためには、燃料（電気）が必要です。会社でいうと、第2章で述べた**経営資源（人・もの・金・情報）**となります。これら経営資源の中でも、会社を運営するためには、まずお金が必要です。お金は、最初、投資家（株主）からの出資、銀行からの借り入れとなります。たとえば、工場や店舗を構えるには、多額の資金が必要となります。また、製品を作ったり販売したりするためには、材料もしくは商品を仕入れなくてはなりません。

　事業が安定してくると、日々の**営業キャッシュフロー（売上から得られるお金）**もその原資となります。日々の仕入れや従業員の給与もこのキャッシュフローでまかないます。

　最後に、自動車と外部の接点も見ていきましょう。

⑥車体：見せ方とマーケティング

　みなさんが自動車を購入するとすれば、価格や動力性能だけでなく、見た目のデザインも重要ではないでしょうか？　会社においては、商品のデザインや、会社のロゴと言っていいでしょう。

　商品のデザインが重要なのは説明の必要がないですね。同じ仕様・価格の商品なら、見た目のデザインで購入を決める可能性が大きいです。また、デザインは、自動車でいうと空気抵抗のように、自動車自体の性能を決める場合もあります。たとえば、自動車ではありませんが掃除機でもゴミが溜まるところが透明になると、デザインだけでなく、機能性も向上します。

　ただ、自動車のデザインがいくらいいといっても、周りの人に知ってもらえないと自己満足の世界となります。商品・サービスの良さを伝えるためには、広告を出したり、イベント等で紹介したりする**マーケティング**活動が必要となります。

⑦タイヤ・ライト：社会や顧客との接点

　自動車を運転するときに、タイヤは道路との接点となり、路面状況を確認したり、反動をやわらげたりします。またライトは、暗い夜道を照らします。

　会社は、事業を営む地域の制度や規制、経済状況、社会環境、また新たな技術の変化に影響を受けます。これらは**経営環境**とも呼ばれます。常に社外の経営環境を確認しつつ適切に事業を運営しないといけません。また、状況がわかりにくい場合、市場の調査のような取り組みも必要ですし、新たな技術の出現に対応するために常に研究開発を進めていかなくてはなりません。

　以上、自動車を例に会社の仕組み見てきましたが、会社をつくることは、多くの部品を使って自動車を組み立てるようなものです。各部品が適切に機能し、連携することで、会社は繁栄し継続へと進んでいくことができます。

4　これからの会社のあり方 ── 社会的インパクト

　最後に会社の社会的インパクトについて考えてみましょう。**社会的インパクト**とは、会社の活動による経済・社会・環境などへの好影響です。悪徳商法など会社の活動や存在による影響はよいものばかりではありませんが、そのような会社はいずれ社会から退場させられます。会社の活動が経済、社会、環境などあらゆる面でどのように波及するかを気配りして経営することが重要です。

11

会社をつくる

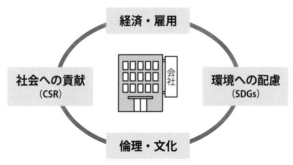

図 11-2　社会的インパクトを意識

経済への影響

　まず、企業が繁栄すると、社員だけでなく、地域・国の経済を支えることになります。具体的には、税収などを通じて、公共サービスやインフラストラクチャー（道路や公共施設）の財源ともなります。

　もう一つ重要なのは、**雇用の創出**です。会社は地域社会において雇用を生み出し、経済成長に寄与します。これにより、地域の生活水準の向上に貢献します。

社会への影響

　会社は社会のニーズ（困りごと）に応える商品やサービスを提供することで事業の運営を行っています。商品・サービスは、地域の人々の生活の質の向上に貢献します。

　同時に、多くの企業は社会活動に寄付したり、教育、芸術、地域イベントの支援などを行っています。これは**CSR活動**（Corporate Social Responsibility：企業の社会的責任）とも呼ばれます。会社は商品・サービスで社会に貢献するだけでなく、社会への貢献も求められています。これは、会社もコミュニティの一員と考えられるためです。

環境への影響

　前述の地域への影響と重なる部分がありますが、社会の一員として、会

社は環境への負荷を減らすための努力（例：再生可能エネルギーの利用、持続可能な材料の使用）が求められます。昨今は、**環境への配慮**が企業存続の前提条件となりつつあります。

　つまり、第7章でも述べた**SDGs**と同じ要件です。会社は、環境保全と経済成長のバランスを取りながら、持続可能な方法で事業を行うことが強く求められるようになりました。

倫理的・文化的影響

　企業は事業活動を行う上で、法令はもとより労働環境や**倫理**など、適正なビジネス慣行を遵守し、透明性を保つことで、信頼性の高い社会的基準を確立しなくてはなりません。

　同時に、企業が行う**イノベーション**は、社会の文化や価値観に影響を与え、時には新しいトレンドを生み出すことも期待されています。

　会社の社会的インパクトに注目していくことは、会社をつくることだけにとどまらず、経済の仕組みや社会の動きを学ぶ上で重要な要素となります。若い世代のみなさんがつくるこれからの社会をどの様に形づくっていくか、一人ひとりの役割や貢献についても深く考える機会を得ることができます

　アントレプレナーは、単に会社を作る人ということだけではなく、社会の中で様々なよい影響力を持つ人への敬称とも言えるでしょう。

11
会社をつくる

会計で会社の成績を見よう

　会社の成績はどうやって見るのでしょうか？　会社を作って、会社を経営するなかで、会社がしっかり儲かっているのかどうかを、会計を使って管理し、会社の外部の人へ説明する必要があります。さらに、会社の内部では経営を管理するために会計が使われます。本章では、会計を使った会社の成績がどう表現されるのか、どのように活用されるのかについて説明します。

1　会計情報で会社の成績がわかる

　みなさんはこれまで、学校で成績表をもらってきましたよね。学校の成績表は、みなさんが学校の勉強をどれだけ頑張ったかを評価するものです。それでは、会社はどうやって成績表を出しているでしょうか。会社の成績は、会計によって一年間でどのような活動をしてお金をどれだけ増やしたり、減らしたりしたのかを成績表として表現します。この成績表を会計の言葉では**財務諸表**と呼びます。財務諸表には、大きく**貸借対照表**と**損益計算書**があります。会計は言葉が難しいと思われる人が多く社会人でも混乱しやすいのですが、考え方が分かると楽しくなります。

貸借対照表：Balance Sheet（B/S）

　貸借対照表は、Balance Sheet（B/S）とも呼ばれ、ある一時点の会社のお金や持ち物の状態（財政状態）を示す成績表です。会社のおさいふの中身のイメージです。まず、会社を作ってスタートする時点から始まります。その後、営業を始めて一年ごとに、決算日と呼ばれる会社の成績をまとめる日に、会社のお金や持ち物がどうなっているのか、増えたのか減ったのかを表現します。

貸借対照表の左右にはそれぞれ特徴があります。

右側（貸方）に負債、純資産を、左側（借方）に資産をまとめます。右側（貸方）の**負債**は銀行などからの借入を指し、**純資産**は会社の立ち上げに準備した自己資金や株主から投資として出してもらったお金（出資金）、そしてこれまでの一年間の事業活動で儲けた利益などになります。

左側（借方）は、会社が持つ**資産**のすべてが入ります。たとえば、現金やパソコン、机、イス、ホワイトボード、営業用の自動車、トラックなどの事業活動を行うために必要なものや、製造業（メーカー）であれば、製品を作る工場や機械、土地や建物も資産になります（図12-1）。

図 12-1　貸借対照表と損益計算書

損益計算書：Profit and Loss Statement（P/L）

損益計算書は、Profit and Loss Statement（P/L）とも呼ばれ、会社の一定期間（主に一年間）の事業活動による経営の成績表です。会社のおさいふの中身を使ってどれだけもうけたかというイメージです。

会社の事業活動が始まり、お客様に商品を販売したとします。たとえば、7万円で仕入れてきた（購入してきた）商品をオークションサイトに出品して、その商品が10万円で売れれば3万円のもうけになります。この

場合、10万円が収益、7万円が費用、3万円が利益となります（図12-2）。このように会社が行う一年間の事業活動によって得られたお金（**収益**：売上などの収入）から、事業活動でかかったお金（**費用**：仕入代や社員の給与などの支出）を差し引いたお金が**利益**（もうけ）となり、会社のお金が増えたことが損益計算書に利益として示されます（図12-1）。

7万円で購入	10万円で売れた	3万円もうけた
▼	▼	▼
費用（支出）	収益（売上）	利益（もうけ）

図 12-2　損益計算書の考え方

　会社では、貸借対照表と損益計算書を一年ごとに区切って会社の成績表としてまとめます。この一年ごとに財務諸表をまとめることを**決算**といい、決算を行う日を**決算日**（期末）といいます。日本の多くの会社は3月31日を決算日にしています。

貸借対照表と損益計算書のつながり

　貸借対照表の右側（貸方）と左側（借方）の金額は一致します。右側は「①会社がどのようにして資金を集めたか」を表し、左側は「②集めた資金がどのように使われたか」を表現しているからです。つまり、右側で調達した資金が左側でどう投資されているかが分かるのが貸借対照表なのです。会社のおさいふの中身を詳しく書いたリストというイメージです。

　貸借対照表は決算日時点の会社のお金の状態であり、損益計算書は決算日の翌日（期首）から一年後の決算日（期末）までの間の事業活動の成績表になります。つまり、貸借対照表では、決算日時点の事業活動を行うた

めの資金の使い道を示し、③その翌日（期首）から一年間の事業活動で得られたお金（収益）から事業活動で費やしたお金（費用）を差し引いて利益を計算するのです。この利益こそ、会社の一年間の事業活動で増やすことができたお金（もうけ）になります。そして、④一年後の決算日の貸借対照表の純資産へ、一年間で増やした利益が追加されるのです（図12-3）。これは、一年間でもうけたお金が会社のおさいふの中にしまわれて、お金が増えるイメージです。

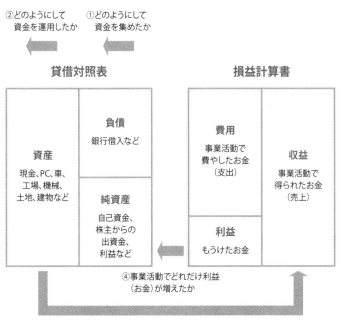

図 12-3　貸借対照表と損益計算書の関係

2 財務諸表をどう活用するの？

　財務諸表は会社の成績表です。学校での成績表は、みなさんの立場から見て、対外的（外部の視点）には校内の成績順位を出したり、指定校推薦

枠を決めたり、入試の内申書として使われたりしていると思います。一方でみなさん自身（内部の視点）にとっては成績表を見てどの大学に合格できそうかの判断や、自分の得意分野を伸ばし苦手分野を克服するためのフィードバックとして活用していると思います。

　会計で示される財務諸表についても同様に、会社の外部と内部のそれぞれの視点で異なる使われ方をしています。会社の外部に向けた会計を「**財務会計**」、会社の内部に向けた会計を「**管理会計**」といいます。財務会計は、会社をとりまくさまざまな**利害関係者（ステークホルダー）**へ正確な会社の成績（会計情報）を報告することが目的です。管理会計は、会社の経営者が経営計画を立てて、会社のあるべき姿へ向かって事業活動を行うために、会社の成績（会計情報）を使って事業を管理することが目的になります。

図 12-4　財務会計と管理会計の違い

　みなさんは、これまで高校の文化祭で模擬店を出店した経験はありますか？　財務会計と管理会計の違いについて、文化祭での模擬店の運営を例にして考えてみましょう。

財務会計：会社の外部視点での会計情報の使われ方

　財務会計を文化祭の模擬店を例にして説明します。文化祭が終了した後に、模擬店を運営してみて、出店期間の収益（売上）、費用（支出）、利益

（もうけ）がどの程度だったかの成績表（会計情報）をメンバーや生徒会、学校の先生方などの周囲の関係者に対して報告すると思います。この報告が財務会計にあたります。

　たとえば、学校から文化祭の補助金（支援金）が出ていれば、適正にお金を使ったことを報告する必要がありますよね。財務会計は、このように「しっかりお金の管理をやって運営しました」と関係者へ報告して、納得してもらうことが目的になります。

**外部の利害関係者（ステークホルダー）へ
しっかり経営していることを報告する**

図 12-5　会社の利害関係者（ステークホルダー）

　会社で考えると、周囲をとりまく（外部）のさまざまな人たちに対して、「会社が順調に事業活動を進めています、利益を出してお金を増やしています」ということを、正確な会計情報を使って報告することが財務会計の役割になるのです。

　周囲（外部）の人とは、会社にとっての利害関係者（ステークホルダー）のことをいい、株主などの投資家、金融機関（銀行など）、取引先、国や地方自治体、消費者、従業員などさまざま関係者を指しています。会社が調達したお金をうまく活用して事業活動を進め、しっかりと利益を出して経営していることが分かれば、外部に対して安心と信用を与えることができるのです。

財務会計は、会社法や税法、さらに大規模な会社の場合には金融商品取引法という法律に従って報告を行います。財務諸表を作る期間は1年、半年、四半期といった法律で定められた期間の財務諸表を作成して報告に使われます。財務会計の報告にあたっては、**財務情報**（お金の単位「円」で表現する会計情報のこと）のみを使うことが決められています。

管理会計：会社の内部視点での会計情報の使われ方

　管理会計を文化祭の模擬店を例として説明します。まず、模擬店の戦略を考えます。どのエリアで、なにを販売し、だれをターゲットとするかを決め、次にお店の販売計画を作ります。どのように販売して、どれだけの収益（売上）を見込むのか。材料の仕入れ、店舗や機材などの費用（支出）はどの程度かかりそうかを計算します。その結果、どれだけの利益（もうけ）が出るかの見通しが販売計画になります。

　さて、文化祭当日、あいにく1日目は悪天候により集客がよくありませんでした。模擬店の収益（売上）は思ったほど上がらず、収益（売上）が仕入や機材の費用（支出）を上回らなかったために、利益（もうけ）がマイナスとなってしまいました。

　そのためリーダーが中心となり、2日目以降の利益をプラスにするための作戦会議が開かれました。会議では、多くのお客様に買ってもらうための全メンバーでの呼び込み作戦や、費用（支出）を抑えて販売するための取り組み案などが出されました。2日以降は晴天に恵まれ、呼び込み作戦が成功し、購入してくれたお客様の数（顧客数）が急増しました。その結果、売上も急増し、費用（支出）を抑えた取り組みのおかげで、計画よりも高い利益（もうけ）を出すことができました。

　このように、会計情報を活用して模擬店の運営を改善していくプロセスは、会社の経営を管理することと同じ取り組みであり、これが管理会計の役割になるのです。①PLAN：計画を立てて、②DO：実行してみて、③CHECK：結果を振り返ったうえで計画を改善し、④ACTION：改善案を実行する。このプロセスは、それぞれの頭文字をとって**PDCAサイクル**と

呼ばれています。会社の経営者や管理者は、PDCAサイクルを繰り返していくことで、会社の経営をよりよい方向へ改善し、管理していくことができるのです（図12-6）。

PDCAサイクルは、アメリカの統計学者デミング博士によって提唱され、みなさんがよく知るトヨタ自動車でも用いられています。

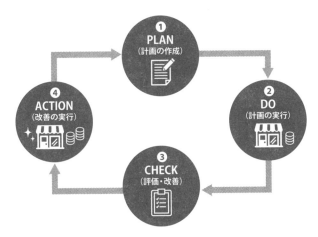

図12-6　PDCAサイクル

また、管理会計は法律の規制を受けないため、財務諸表を作る期間が自由に設定できます。多くの会社は、**中期経営計画**に合わせて、3年、1年、半期、四半期、月次などの期間でそれぞれ作っています。さらに、管理会計では、財務情報だけでなく、**非財務情報**（お金の単位「円」以外で表現する会計情報）も使われます。非財務情報とは、経営管理に関係しそうな、顧客数、顧客満足度、社員満足度などのお金の単位では表現できない情報をいいます。

※**中期経営計画**とは、経営戦略に基づいて、3～5年後の会社のあるべき姿を、売上、利益、市場シェアなどの会計情報で示し、その目標を達成するための作戦をまとめたものをいいます。

13 金融って、なに？
―お金のマイクロツーリズムに出かけよう

> あなたが生活している上で何気なく体験している「金融」。たとえば、モノには値段がついていて、モノを買うにはお金を支払います（モノと交換）。また、今使わないお金を預けたり（運用）、今使いたいけれども必要な金額が足りないときはお金を借りたりします。お金とは何でしょう？お金を通じて示される値段とはなんでしょう？　そして、企業の運営にあたり、お金はどのような関わりがあるのでしょうか？
> 　生活の上であたりまえでありすぎる「お金」について少し考えるため、お金の旅に出てみましょう。

1 お金って？

「もう少し勉強してんか！（もう少し値段を下げてください）」とお客さん。「精一杯お勉強してまっせ！（これ以上の値引きはできません）」と店員（お店）さん。

これは、とあるお店での会話です。お客さんは、「この値段であれば買ってもよい」と思ったときに、希望の商品を手に入れるためには、お店に「何か（交換するために渡す同じ価値のあるモノ」を対価として渡す必要があります。お客さんが持っている「何か」をお店が納得して受け取ってくれないと、お客さんは商品を手に入れられません。

納得して「何か」を受け取ったお店は、その「何か」を利用してお店に並べる商品を仕入れます。お店の仕入れ先も仕入れの対価として受け取ってくれる「何か」でなければなりません。全ての人が対価として受け取ってくれる「何か」があると「取引」はスムーズになります。その「何か」に最もふさわしいモノは何だと思いますか？

恐らくほとんどの方が「お金（通貨）」と回答すると思います。

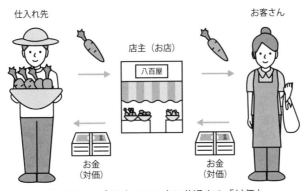

図 13-1　お金はすべての人に共通する「対価」

　あなたは、モノを「交換」するときに「お金」が必要であることに気づきました（**交換手段**）。それでは、「お金」の持つ機能は「交換」だけでしょうか？

　先ほどのお客さんと店員さんの会話をもう一度思い出してしてみましょう。「（もう少し値段を下げてください）」という部分に注目します。そう、「値段」です。「値段」は「物の価値を測るモノサシ（**価値尺度**）」でもあります。さらにもう一つ、モノサシということは、モノ自体に価値があることになります。

　また、簡単に持ち運びできるように「耐久性（形が崩れない）」、「保存性（腐らない）」、つまり「価値の保存」が必要になるのです（**価値保存手段**）。「お金」は、これらの機能が発揮できるように、金属の「貨幣（コイン）」や特殊な紙の「紙幣（お札）」になっているのです。

2 お金の旅 ―お金になったつもりで旅してみましょう

　たとえば、あなたがお小遣いをもってコンビニエンスストアに買い物に行ったとします。ほしい商品を見つけて、レジで店員さんに「お金」と商品を交換してもらいます。そう、先ほどの取引です。お金と商品を交換することで、商品はあなたへ、お金はコンビニエンスストアへと移動します。

商品との交換に使われたお金を売上金といい、お店のオーナーさんはこの売上金で2つのことを行います。一つは、売上金を銀行に預けます（「預金」）。そして、預けたお金の中から仕入れ代をコンビニエンスストア本部にお金を送ります（「送金（為替）」）。そして、預金額と送金額の差が、オーナーさんの儲け（利益）としてオーナーさんの預金口座に残ります（実際にはお金の預金以外はお金の動きがなく、電子的に処理されます）。

　銀行の業務は「預金（貯金）」、「送金」、「貸出」の3つです。銀行は「預金」で預かったお金を、必要なお金が足りない人や企業（ここでは資金不足者とします）へ「貸出」をします。たとえば銀行が、あなたの保護者の方が働く企業に対して、設備の購入や給与を支払うためにお金を貸出したとします。お金は保護者が働いている企業へ渡り、そのお金の一部は保護者へ給与として渡ります。その後、保護者はあなたにお小遣いを渡します。お金があなたの手元へ戻ってきました。このように、実はお金は循環しているのです。

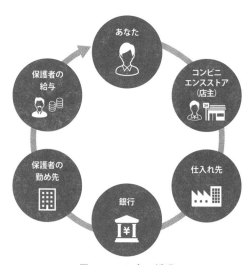

図 13-2　お金の循環

3 銀行（金融仲介機関）の機能

続いて、銀行の「貸出」機能についてさらに深く学びましょう。銀行はお金を預かりますが、預かっているだけでは「貯金箱」と変わりません。銀行の商売には、「お金をあなたの代わりに運用する」機能が含まれています。

頭の体操をしてみましょう。「預金」は、銀行からみるとお客さん（預金者）からお金を借りている＝借金になります。あなたは人にものを借りたとき、お礼をしますよね。銀行はお客さん（預金者）からお金を借りているお礼として、金利（借り賃：「利子」）を払うのです。「貯金箱」のままでは、利子をまかなうことができないため、銀行は、預金を資金不足者に「貸出」し、借り賃を受け取っています（利子は受け取る側から見たとき「利息」といいます）。このような銀行の行動は、今すぐお金を使う必要のない人（ここでは資金余剰者とします）から資金不足者へのお金の融通を仲介するので、「金融仲介機関」ともいわれています。お「金」を「融」通するので、お金の貸し借り、つまり運用は「金融」、英語では**ファイナンス**（Finance）といいます。

それでは、金利はどのように決まるのでしょうか？　あなたは、自分の持っているモノを誰かに売るとしたら、誰に売りますか？　普通は、高く買い取ってくれる人に売ります。では逆の立場であればどうでしょうか。同じモノを買うとき、あなたはどのお店で買いますか？　普通は、安く買えるお店で買うと思います。このように、取引は相手がモノと引き換えに交換するモノ、個数、価格について納得して、はじめて交換が実現します。つまり、お金の取引もモノの取引と同じなのです。

資金不足者がどのくらいの期間でいくら必要なのか、一方で資金余剰者は、いつまで自分のお金を利用する予定がないのか（期間）、どれくらい（金額）余っているのか、お互いに条件（情報）を確認して取引する必要があります。しかし、条件の合う人を個人間で探すことは非常に難しいため、この仲介業務を信用のある金融仲介機関（銀行等）が行っているのです。

お金の取引ですので、「いくらで」の部分が「金利」となります。この金利は資金不足者の用途によっても変わります。おなかがすいたのでお弁当を買う代金としてなのか（食べてしまえば手元には残らず、お金を返すための元手となるモノはなくなります）、工場を建てるためなのか（工場を建てると製品を製造することができ、製品を売り出すことでお金を返すことができます）。また、資金不足者は信用のある人なのか（信用力）も重要です。つまり金利は、取引相手の信用力、資金の使い道、必要金額、必要期間が影響するのです。

　お金をN年借りた場合の最終的に返す金額の計算式は以下になります。

「返す金額 ＝ 借りた金額 × (1 ＋ 金利)^{N年}」

　たとえば、金利1%でも10年後に返すと、金利にさらに金利がかかるため10%以上のお金を返すことになります。長期間お金を借りると、返す金額がかなり増えてしまうため、お金を借りるのは慎重にならないといけないですね。

4　株式会社の配当について

　企業は、「銀行」からお金を借りる以外にも、お金を調達する方法があります。具体的には、証券会社を経由して、「株券（株式）」を発行する方法です。「株式」は「株式会社」という形態をとる会社の所有権に相当するもので、会社の所有者を表す証書のことです。株式会社は株式を発行して、主に工場や機械など長期的に使用する財産（固定資産といいます）を購入するためのお金を集めます。集めたお金は、貸借対照表の右側下の部分に集計されます（第12章参照）。

　株式を購入した人は企業の所有者なので「株主」といいます。株主は、株式が発行された枚数（総株式発行枚数）と自分が所有している株式数の比率分だけ企業を所有していることになります。たとえば、100株の株式

が発行されていて、あなたが10株所有していると、その企業の10分の1分の所有権を持っていることになります。企業の所有者は株主ですので、企業の利益は株式の所有比率に応じて株主に配られます。この配られるお金のことを「配当」といいます。企業の利益が増えれば配当も増えます。

株式が公開されていれば、誰でもその企業の株式の売買ができます。売買できるということは、商品の取引（図13-1）で説明したように、購入したい人から見た価値で価格（値段）が変わることになります。企業の利益が増えそうであれば、配当が増える可能性があるため、その企業の株式を購入しておいたほうが良いと考える人が増え、その企業の株式の価格（株価）が上がります。逆に企業の利益が減りそうであれば、配当が減る可能性があるため、その企業の株式を売却しておいた方が良いと考える人が増え、株価が下がります。テレビのニュースでよく聞かれる「東京証券取引所終値は〇〇円です」とは、株式売買を行う取引所（お店）の取引終了時の平均の株価のことをいいます。

株主は、株式を買った値段と売った値段に差額があれば、その差額が儲けや損失になります（売買損益といいます）。株式によるお金の運用は、配当と売買損益になり、株式によるお金の運用の結果は「投資収益率」といわれています。

5 お金の調達と投資の評価

ここまで、お金の調達手段として、銀行からの借り入れと、株式について説明してきましたが、最後にお金を調達して投資を行う企業の視点のお話しをします。企業はどの方法が一番安く調達できるのかを決めます。工場（設備）などを建てるには多額のお金がかかり長期に渡って利用するため、お金を返すまでの時間もかかります。そのため、基本的にお金を返す期限が設定されていない株式での調達がほとんどです。

企業は調達したお金で工場建設や設備を購入するときに（投資といいます）、その工場や設備で作られる製品が儲かるかどうかを評価します（試

算といいます）。各年度の売上や必要となる材料等（費用）を試算し、その年の利益を予想します。この毎年の利益を、お金の流れ、キャッシュ・フローといいます。

　企業は、工場を建てて将来得られるお金（キャッシュ・フロー合計）と、工場建設に必要な投資額を比較して、工場を作るかどうかを決めます。この比較は、「現在得られる10,000円と数年後に得られる10,000円の価値は異なる」という考え方が使われます。たとえば、金利10％で銀行に10,000円を預金した場合、翌年には11,000円に増えます。つまり「現在の10,000円と1年後の11,000円の価値は同じ」という考え方なのです。そうすると、1年後に得られるキャッシュ・フローが10,000円だとした場合、金利10％で現在の価値に直すと約9,090円（10,000÷1.1≒9090.09…）となります。

$$\frac{\text{キャッシュ・フロー}10,000\text{円}}{(1+10\%)}$$

　これを割り引かれた金額（**割引現在価値**）といい、10%は「**割引率**」といいます。N期（N年分）の割引現在価値の計算式は以下になります。

$$\frac{\text{キャッシュ・フロー}_N}{(1+\text{割引率})^N}$$

　工場建設によって毎年得られるキャッシュ・フローの金額合計を算出し、建設に必要な投資額とを比較して、得られる金額が投資額を上回れば工場建設を行う決定をします。

　お金の旅はここまでです。世界史を勉強したことのある人は「すべての道はローマに通ず」という名言を聞いたことがあると思います。経済の世界では「すべての取引はお金で通ず」なのです。

13

金融って、なに？ ―お金のマイクロツーリズムに出かけよう

14

ビジネスと法律
―契約ってなに？

　私たちは、日常の生活の中で、様々な契約をしています。みなさんも、たとえば、コンビニでお茶やおにぎりを買ったり、休みには友達や家族と旅行に行ったりすると思いますが、いろいろなところで契約をしています。

　では、なぜ契約をするのでしょうか？　もし、我々が必要とすることすべて自給自足するとなると、自分で家を建てたり、食料の材料を自ら育てたりしなければなりません。しかし、そんなこと一人ですべてできるわけありません。そこで、他人が提供できる物やサービスを買ったり、借りたりすること、すなわち、いろいろな人と自由に契約をすることが認められていれば、われわれは他の人と契約を通じて容易に様々な物やサービスを手に入れることができます。そこに契約の必要性が生まれます。

　現代社会では、ビジネスを行ううえで、取引等様々な場面で契約が関わっています。

1 法と契約の関係

　現代社会においては、言うまでもなく、自由な経済活動が保障されています。自分の利益を追求することは自由であり、他人と契約を締結することも自由にすることが認められています。つまり、「契約自由の原則」が保障されているのです。

　しかしながら、自分勝手に何でも自由に行うことできるというわけではありません。そこで必要になってくるのが、ルール（規範）です。もちろん、契約を行う者どうしがルールを定めることも自由ですが、一々個人間でやるのはとっても面倒くさいですよね。そこで、国が契約の統一的な基準を作ってくれた方がいいし、社会の秩序の安定のためにも、法律で契約のルールを定める必要性が出てきます。そこで、契約に関する法律がたくさん定められているのです。

図 14-1　契約の概念

法の分類

　法には様々な種類があり、「成文法」と言って条文のある法律は、大きく「私法」と「公法」に分けられます。

　私法とは、国や公共団体などの、公的機関が関わっていない分野、つまり、私たち一般人に関して定められた法律のことです。

　代表的なものに、民法や商法があります。

　これに対し、公法とは、国や地方公共団体など、公の機関が関わる法律のことをいいます。憲法や刑法などがあります。

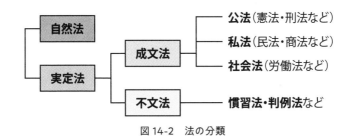

図 14-2　法の分類

法律の王様である民法

　さて、みなさんに質問です。現在、日本の法律の数はいくつあると思いますか？　総務省行政管理局が整備している平成26年8月1日現在の法令データ（平成26年8月1日までの官報掲載法令）によれば、憲法・法律の総数は「1,924」です。意外と少ないと感じましたか？　それともめちゃ

くちゃあるじゃん、と思いましたか？

　それでは、もう一問質問です。「**六法全書**」って、聞いたことあります
よね？　じゃあ、その「**六法**」って何の法律を指しているのでしょうか？
正解は、「憲法、**民法**、刑法、**商法**、民事訴訟法、刑事訴訟法」の6つです。
全部言えた人はすごいです！

　さて、その六法の中の「民法」ですが、民法は「私法」の一般法と言わ
れ、①総則、②物権、③債権、④親族、⑤相続の5つの編に分けられており、
条文の数は1050条もあり、まさに法律の王様です！

　契約に関することは、「民法」に基本的なことが規定されており、売買
契約などわれわれが関わる様々な契約は、基本的に「民法」に定められて
います。

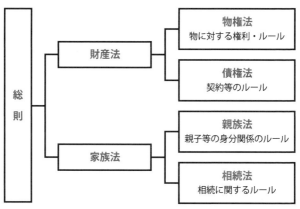

図14-3　民法の構造

契約の拘束力

　一度契約が成立すると、合意した内容をお互いに守る義務が発生しま
す。契約した内容と違うことをしたり、一方的な都合で契約を解消するこ
とはできません。これらを認めてしまうと、皆が安心して契約を結ぶこと
ができなくなるからです。これを「**契約の拘束力**」といいます。

　もし相手が契約どおりのことをしない場合、相手に契約した内容を実現

するよう求めることができます。

　具体的には、民法では、①相手方に物の修繕を求めたり、②代金の減額を求めたり、③契約を解除（キャンセル）することができます。

契約の成立時期は？

　それでは、みなさん、契約はいつ成立したと言えるのかご存知ですか？たとえば、身近な「売買契約」で考えてみましょう。

　民法では、原則として、契約当事者（売主と買主）の「意思」が合致することが必要です。言い換えると、**「申込」**と**「承諾」**があり、それが合致したときに、売買契約が成立します（民法522条）。つまり、一方的な意思ではダメで、「売りたい」という意思と「買いたい」という意思が合致しなければなりません。

　ところで、ビジネスの実務では契約締結時に「契約書」を作成することが少なくありません。しかし、契約書は契約をしたという証拠を残すための証書にしか過ぎません。つまり、契約成立に必要なことは、契約当事者（売主と買主）の意思があるかどうかです。契約当事者の自由な意思で契約をするからこそ、当事者は契約に拘束されるというわけです。

図14-4　契約の成立

微妙な事例

　契約の前段階に位置付けられる「申込の誘引」と呼ばれるものがあります。**「申込の誘引」**とは、相手に契約の**「申込」**をさせるよう誘うことで

す。たとえば、広告の掲載や、チラシの配布、カタログの送付等が申込の誘引に該当します。

　この申込の誘引に対して、商品の購入希望者が、「商品を買いたい」というのが契約の「申込」であり、これに対して売主が「承諾」をすると、当該商品につき、売買契約が成立することになります。つまり、申込の誘引を行った売主は、承諾するか否かの自由を有していると言えます。

　ただし、実際、ある行為を「申込」と考えるか、「申込の誘引」にすぎないと考えるか、微妙なケースもあります。たとえば、「デパートやコンビニで商品を陳列する行為」は店側の「申込」でしょうか、それとも単なる「申込の誘引」でしょうか？

　この点については、商品の陳列行為は、①店側の「申込」であり、買主がこれをレジに持っていくのは顧客側の「承諾」である、と考えれば、この時点で契約は成立したことになりますが、②陳列行為も「申込の誘引」であるとする考えもあり、これによると、買主がレジに持っていく行為は「申込」となり、店側は申し込みを拒否できるということになります。

　「申込」なのか「申込の誘引」なのかの区別が必ずしも容易でないことがお分かりでしょう。

他の事例もいろいろ考えてみよう

　この他にも、たとえば、自動販売機でお茶を買う場合、自動販売機の設置行為が売買契約の「申込」であり、代金の支払行為が「承諾」であると同時に、硬貨を入れる行為が契約の履行（実行）と言えそうですが、みなさんはどう考えますか？

　その他、以下の場合を「申込」と考えますか、それとも「申込の誘因」と考えますか？

　①流しをしているタクシーの「空車」という表示は？　②求人情報の掲載は？　③賃貸物件の広告は？　④ホテルの予約は？　などなど、これを「申込の誘因」と考えると、相手方は契約を拒否できることになりますが、考え始めると面白いですね。

　今までの話が身近な商品なら、それほど大きな問題とは感じにくいかもしれません。しかし、これがビジネスの世界でたとえば、10億円の不動産の売買契約と考えたらいかがでしょう？　契約が成立しているかどうかは大変大きな問題になるでしょう。

　現在実施されている商機を見出すビジネスを模索しながら、新しいビジネスモデルの開拓などを学んでいくのが、「アントレプレナーシップ（起業家精神）」です。

　世の中は法律で動いています。ビジネスの世界では、リスクを避けるため法律を学ぶ重要性が高まっています。

　ぜひみなさんと一緒に学ぶ機会があれば嬉しく思います。

編 4 個人の成長と社会への貢献

15 大学での学びを 企業で試してみる

突然ですが、みなさんは、学校でしっかり英語を勉強すれば、海外で流ちょうに会話できると思いますか？　おそらく、学外で英会話を実際に試すチャンスを作る必要があるでしょう。また、先々英語を使った仕事に就きたいと思ったら、語学留学に参加したり、海外に旅行してみるのもいいかもしれません。

多くの場合、頭で理解できたからといって、うまく実践できるとは限りません。これは英語に限らず大学で学ぶ知識やスキルも同じです。教室で学んだことだけでは、社会には通用しません。

このような不安を解決するために、専門職大学の最大の特徴であり魅力である企業内実習（臨地実務実習とも言います）があります。企業内実習では、実際にみなさんが興味のある企業に行って、自分の目で現場の仕事を見ることができます。さらに、自分が学んできたことを、実務を通して試す・確かめることができます。このような実践型の授業は、先々社会で活躍するためになくてはなりません。

1 企業内実習で現場感を持つ

もう少し企業内実習とはどういうものか解説していきます。本学を例とすると、在学中に600時間以上、ビジネスの現場で実際に仕事を行います。一般的な大学で行われている**インターン**とは異なり、数ヶ月に及ぶ長期の実習となります。短期のインターンだと、企業から見るとどうしても学生はお客様扱いで、なかなか現場の仕事にかかわらせていただけません。

長期にわたり現場の従業員の方とともに働くことで、みなさんが目指す業界で将来、企業の即戦力となる力を身に付けることができます。仕事の現場では、仕事の進め方でなく、社員の方の仕事に対する思い、また企業が持つリアルな課題について、頭だけではなく体でも実感することができ

ます。そうすることで、教室で話を聞いただけでは決してわからない「実務を行う」という感覚が理解できます。一般的な大学では味わえない、よりリアルな現場に近い**実務経験**が、みなさんの成長と自信につながります。

更に将来のキャリアを考えるうえで、自分のやりたい仕事を見つけるために現場の体験はとても重要です。たとえば、企業への就職活動において、**自己PR**として他の学生とは一味違うリアリティのある話をすることができます。加えて、就職や起業をする上で、なぜその事業をやりたいのかの説得材料にもなります。

2 企業内実習の全体像

本学で行う企業内実習は、1年生～3年生の後期（3・4学期）に企業や自治体等で行われます。各学年には10数社の実習先があります。実習先が提示する課題や求められる成果も、学年が上がるに従いレベルアップしていきます（図15-1参照）。

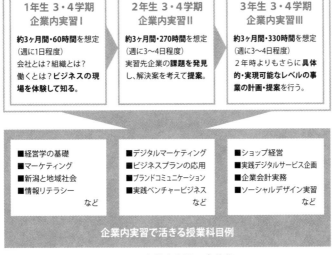

図15-1　企業内実習の全体像

「1年生からいきなり企業に行くの!?」と思うかもしれませんが、今後の長期の実習を行うための重要なステップとなります。1年時の企業内実習Ⅰは約60時間、週1日程度となります。そこで、「会社とはなにか」、「働くとはなにか」、また、社会人としてのビジネスマナーなど基本的なことを現場で身に付けていきます。このあたりは、実際に企業の方とかかわることが重要です。1年目は短期ではありますが、次の長期の企業内実習に臨むための準備に位置付けられるだけでなく、企業で働く社員に接する最初の機会となります。

　そして、2・3年生の企業内実習から実践的な内容に取り組んでいきます。約3ヶ月間、週3日程度と長期の企業内実習を2回経験します。内容もレベルアップされ、実習先企業の課題の発見から、その解決策を提案するという内容になります。並行して、学内の授業で、デジタルマーケティングやビジネスプラン、またショップ経営や企業会計など、より専門的な授業が行われます。これらの知識やスキルを現場で活かすことになります。

　具体的な実習内容は、まず、仕事現場の見学や体験をしたり、自ら調査を行うことで、企業と企業のおかれる現状を理解することから始まります。提案に際しては、どこかネットで探してきたようなものではなく、企業の現状に即した内容が必要になります。そして、チームで実習先の課題の絞り込みや解決策を考えて提案します。特に3年生では、2年生の時より、実現可能なレベル、たとえば提案に対する売上計画の精度向上や提案の根拠となるアンケートデータ等の収集が必要になります。具体性や実現可能性の高い提案が求められます。　実際に、企業から提案内容が素晴らしいと認められた場合、たとえば新商品のように、いくつかの提案は形として実現する場合もあります。

　企業内実習では、学生のうちに社会人としての基本的な考え方や働く姿勢を身に着けた上で、みなさんの柔軟で新しい発想を社会に発信し実践していくことが期待されます。

3 企業内実習の流れ

続いて、企業内実習についての学内でどのように進めているか、基本的な流れについても紹介します（図15-2）。

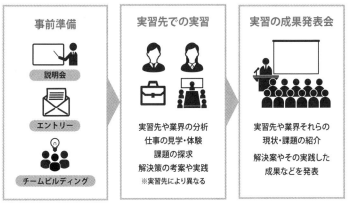

図 15-2　企業内実習の基本的な流れ

まず、事前準備では、みなさんが将来経験する就職活動に近い進め方となります。実習先の説明を聞いた後、希望する実習先に対して志望動機を添えてエントリーします。基本的には、みなさんの希望を優先しますが、企業に選んでいただけるような志望動機を書くことが重要です。

配属先が決まったら、実習は3、4名程度のチームで行われます。いきなり企業に行くのではなく、配属先企業の事前勉強やグループワークを行います。グループワークでは、今後チームが協働で実習に取り組めるよう、役割分担含め、**チームビルディング**がキーワードとなります。

事前準備が整うと、長期の実習が始まります。内容は、先述の現場の理解や課題の特定、提案内容の検討となります。企業の経営者・担当者の方に直接指導いただいたり、担当教員の方からアドバイスいただいたりしながら、自分たちで計画し、進めていきます。つまり、企業では社員の**主体性**というものが高く評価されます。学生のうちから、主体性を意識してお

くことが重要です。

　最後に、実習の集大成として実習先企業の方々を招いて、合同で成果発表会を行います。大きなホールで発表するので、みなさん最初は緊張しますが、プレゼンテーション力が鍛えられます。

図 15-3　実習の様子

4　企業内実習の事例紹介

　最後に、みなさんにより具体的にイメージしてもらうために企業内実習で先輩方が取り組んだ実習の一部を紹介していきます。

4−1　企業内実習Ⅰ「株式会社ウィザップ」

　まず紹介するのが、1年生の企業内実習先である株式会社ウィザップです。株式会社ウィザップは新潟で70年以上続く印刷物・グッズ・HPの制作をする会社です。実習生は、会社の説明を受けた後、作業場の見学や自己紹介を含めたブログの作成、4つの部署（営業・制作・製版・印刷／製本）の業務体験や宣伝・デザインの実践としてイメージキャラクターの企

画などを行ってきました。

　下図のキャラクターは「開志専門職大学をモチーフにしたキャラクター」の課題をもとに、実習生が大学のアピールポイントやターゲット、テーマカラーなどを考えて、イラストレーターさんが作成したものです。実習を通して、印刷物やWEBサイト、キャラクター作成の仕組みを知り、どうすれば人から見たいと思ってもらえるのか、**お客様目線**で物事を考えることの大切さを学びました。

図 15-4　実習生が考えたマスコットキャラクター

4－2　企業内実習Ⅲ「新潟かがやき農業協同組合」

　次に、3年生の実習先の新潟かがやき農業協同組合の紹介です。この協同組合は、農業経営支援や農産物の販売など農業振興を中心に幅広い事業をしている組合です。

　この実習では、新たな商品開発を目標として取り組みました。野菜の規格外品の有効利用やフードロス削減、地域活性化の課題から、五泉市名産のサトイモを使ったレトルト品「ひゃんで汁」と規格外品の枝豆を使った菓子「シャカサク枝豆」を共同で開発し、実際に店舗で販売しました。

　販売に至るまで、アンケート調査や加工業者との打ち合わせ、**試作品**の試食などを経て完成しています。本取り組みは、地域の販売店やJAのオンラインショップなどで販売されただけでなく、新聞などのメディアにも取り上げられました。

図 15-5　実習生と共同開発した商品と販売会の様子

　このように、企業内実習は、実習先やその業界を現場で学び、アイデアを発信して、企業や社会の課題を解決していく実習です。その他、「イベントの実施」、「学生に向けた会社のPR」、「顧客の開拓」等、学生のみなさんとやってみたいというテーマが設定されます。

　「座学だけではつまらない」、「学生のうちに社会で通用する力を身につけたい」、「自分の興味のある業界で、学んできたことやアイデアが通用するのか試してみたい・聞いてみたい」という学生のみなさんの声にこたえていきます。そして、企業で実際にやってみることで、将来に役立つ実践する力や創造する力が自分のものとなります。

15

大学での学びを企業で試してみる

16 課外活動を通じた成長の機会

みなさん、なぜ大学や高校が、学内の授業以外の活動を奨励するのか、考えてみたことはありますでしょうか。たとえば、大学には様々な科目が設置されているので、4年間も勉強するのだから、これで十分ではないかと思われます。

ただ、大学での学びは、みなさんの成長を考えると、学びのある一面でしかありません。それは、人の学びは、教科書のような文書化された知識から得られる学びと、本人が様々な経験を通じて得られる学びの両面があるからです。実際、経験からの学びは、その人の学びの7割とも言われています[1]。つまり、よい経験が、その後の成長に大きく影響するからです。学びのきっかけづくりとしての授業（たとえば社会学や地域経済学）、物事を理解するための知識としての授業（たとえば経営学や会計学）は必要ですが、これら知識を生かした活動が将来への成長につながるのです。

1 事業を創造するためには「よい経験」が必要である

課外活動を通じての学びを理解するために、事例として本学の取り組みを紹介します。

そもそも学部名である「事業創造」って言葉、なんだかなじみがないですよね。そこで、この言葉を分割してみると「事業」と「創造」に分けることができます。

「事業」…… 商品やサービスを提供するための組織や仕組み

「創造」…… 新しいモノ・コトを自ら創りだすこと

つまり、企業の経営にかかわり、新しい「何か」を創りだしていく、そんな学生さんを育成することを目的とした学部なのです。

そのため、本学には「いつかは自分で会社経営をしてみたい」、「就職して、その会社の中で新しい企画・事業をやってみたい」、「実家の家業に新しいアイデアをつけたして継いでみたい」という学生さんがいっぱい集っ

てきます。

　大学も、学生の思いを実現するためのカリキュラムを設定してます。具体的には、経営、マーケティング、会計等の知識系科目だけでなく、ビジネスプラン作成、コミュニケーションなどの実践系科目も展開しています。さらに、第15章で述べた、実際に企業の方々と課題に取り組む「企業内実習」を4年間で600時間以上も設定してます。

　まさに、専門職大学という新たな制度そのものです。

　しっかりしたカリキュラムがあるのなら、それで十分ではなかと思えますよね。でも、「事業創造」を目指すためには、これで十分とは言い切れません。つまり、自分事として実践することで得られる「学び」がまったく足りていないのです。事業創造のためには、授業で獲得した専門知識のほかに、学外での「よい経験」を通じて得られる、社会や顧客に対する深い知見が必要だからです。

　世の中はとても速いペースで変化し続けていますが、表面的な知識であれば書籍やインターネットで探すことはできます。ただ、このような広く知られた知識から、オリジナリティのある発想は生まれません。小さくてもよいので、自分事として関わり経験したことのある人にしか、深い知見や根本的な解決策が得られないからです。それは、経験からの学びを、「言語化」するのがとても難しいことも要因だからです。

　特に、新しい価値を創造する「事業創造」においては、積極的に学外へ目を向け、自分に何ができるのかを考え、そして、思いを実践することが必要となります。課外活動は、事業創造のためにはなくてはならない経験的知識を得るの場なのです。

２　課外活動は「ガクチカ」そのもの

　自分は将来企業に就職するので、課外活動は必要ないと思われるかもしれません。でも、課外活動は就職活動にも役立つのです。

最近、就職活動において、面接官の方から「学生時代に力を入れたこと、頑張ったこと」について聞かれることが多くなりました。いわゆる「**ガクチカ**」と呼ばれる質問です。

　「学生時代に力を入れたこと…それって勉強じゃないの？」と思われた方、あなたは偉い（大変まじめな学生）です！

　実は、企業の面接官が知りたいのは、「自分の意思で」、「自由な発想で」、「積極的に何に取り組んだ」のか、一皮むけた「**成長実感**」について聞きたいのです。そして、その経験から、その学生がどのようなことに関心があるのか、集中力と持続力はどうか、またリーダーシップや協調性について確認します。「あっ、この人となら一緒に楽しく働けそうだな！」ということを総合的に判断するのです。

　やはり、課外活動を行っていないと、「ガクチカ」について話すのは難しいのがわかると思います。経験ないことを話しても、企業の面接官はすぐにわかってしまいます。この学生は違うな、と思わせるためには、学外での課外活動が重要です。

　課外活動は、結果が伴わないようなことでもかまわないのです。本人が学び通じて成長すれば、十分な「ガクチカ」なのです。

3 実際の取り組み紹介

　後半は、本学の学生のみなさんが、自ら進んで行ってきた活動を3件紹介します。

鳥屋野潟一斉清掃

　開志専門職大学は、新潟駅南口から約1.5kmと、歩いても通えるし、バスだと10分もかからない好立地にあります。また、校舎のとなりには、新潟で2番目に大きい潟（砂州とかによってせき止められた浅い湖沼）である鳥屋野潟があります。春は桜が綺麗で、冬には白鳥もやってきます。

　つまり、大学は街と自然が接する最高のロケーションにあります。交通

の便だけでなく自然を感じることもできます。一方で、街なかにある鳥屋野潟はアクセスしやすい反面、汚れやすい面もあります。そのため、環境問題や街づくりなどについても身近なものとして捉えることができます。

このような立地環境から、鳥屋野潟の自然を守り、育て、より魅力ある環境を創り出す活動を進めている「とやの物語」という団体があります[2]。

「とやの物語」の活動のひとつ「鳥屋野潟一斉清掃」を1984年からはじまりました。2022年の参加は11団体、参加人数は延べ約200人にもなったそうです。開志専門職大学の学生有志も、活動に共感する教員とともに参加してきました。

小さな活動ですが、自然や街について考えるきっかけになっています。これら経験があるからこそできる提案もあるはずです。社会や環境に対する提案などに、本経験が生かされることを期待しています。

NIIGATA光のページェント

新潟駅の南にけやき通りという、おしゃれな飲食店が並ぶ約1kmの通りがあります。毎年冬になると、通りをLEDライトで明るく照らす、冬の風物詩「NIIGATA光のページェント」があります[3]。

1988年に、「新潟の冬を、温かくしたい」という想いから、当時はたった17本のけやきに電球をつけるところから始まりました。今では、県内ではよく知られる新潟の冬の風物詩となりました。

2023年には、実行委員会の皆様と本学学生とのコラボレーションが実現しました。

本取り組みは多くの方に賛同いただける取り組みだと考えますが、ご存知のようにLED電球はタダで点けることはできません。多くの資金が必要となります。毎年「運営資金集め」が課題となります。

　それを聞いた本学の学生有志が立ち上がりました。これは、前述の鳥屋野潟一斉清掃活動がきっかけとなった活動です。学園祭や各種イベントなどに綿菓子店を出店し募金活動を行い運営資金の一部を集めることになりました。まちづくりを課題として、そこのある問題や人々の思いに接する良い経験の場となりました。それら思いの輪が広がることを期待しています。

　なお、この活動は「新潟日報」、「にいがた経済新聞」にも取り上げられ、今年の光のページェントの盛り上げにも一役を担うことができました！

ホッと一息つけるカフェ

　本学では、研究を専門とする「研究者教員」だけでなく、実社会でリーダーとして活躍された方や、実際に起業している「実務家教員」と呼ばれる先生方が多く在籍しています。そのような環境にあるため、学生のみなさんのチャレンジ企画を後押しする風土があります。

　ここでは、そんな風土のなか1年生ながら「カフェ」の運営にチャレンジしているチームの活動を紹介します。

　本件は、実家がカフェを営んでいる学生が中心となって始まった企画となります。「大学内でもホッと一息つけるような場所を演出したい」との思いから積極的にチャレンジしています。

　入学してすぐの6月に開催された学園祭への出店をスタートとして、8月に新潟県内で行われるNSG夏祭り、また9月～11月にかけて大学内でのイベントにおいて出店するなど、活動の場を広げています。

　また、年末には、先述のNIIGATA光のページェントのボランティアチームともコラボして、NIIGATA光のページェントの点灯式に参加し、多くのお客様に「ホット」な気持ちを届けてきました。

　おそらく、お店を出したら自然と商品が売れていくということはなかなかないと思います。そのなか、街の住民との関係や、関係者とのネットワーク等、経験して初めてわかることもたくさんあったと思います。教科書的な知識以外にも、世の中には学ぶ方法がたくさんあります。

5 　学外で学ぶということ

　以上3つの取り組みは、小さな取り組みかもしれません。でも、学生は、自分事として積極的に取り組んでいます。その小さな取り組みが、将来の成長を支えていると考えます。

　学外での活動は、学内と教員－学生という固定的な関係ではなく、いろいろなバックグラウンドや考えを持った方々と交流したり、課題について話し合ったりしています。そこでは、思い通りにいかないこともたくさんあると思います。一方で、自ら課題に関わることで「よい経験」が学生のみなさんの中に育ってきます。

　もちろん、学生のみなさんも、初めから積極的に課題解決にチャレンジ

できたわけではありません。学内で、講義を受け、演習や実習を経験したことで、一歩前に出てみようという心構えや余裕が生まれたのが要因かもしれません。そして、世の中の「**見える世界**」が変わり、意識の変化があったのだと思います。

　紙面の都合もあって、今回紹介できたのはほんの一部です。他にも多くの学生が大学での学びをベースにしながら各方面でチャレンジを続けています。

　一歩踏み出すことで、将来に向けての成長の機会を得ることをお勧めします。

1　松尾睦（2011）『職場が生きる 人が育つ「経験学習」入門』ダイヤモンド社。
2　「とやの物語」の詳細については、https://toyano-monogatari.com/を、学生の活動はhttps://kaishi-pu.ac.jp/topics/230330-reportを参照。
3　「NIIGATA光のページェント」の詳細については、https://niigata-hikari.jp/を、学生の活動はhttps://kaishi-pu.ac.jp/topics/231027_newsを参照。

16

課外活動を通じた成長の機会

17 自分らしいキャリアとは

社会がめまぐるしく変化し、課題も複雑化していく中で、職業の在り方や働き方も大きく変わってきています。こうした社会で活躍できる専門職業人材の育成が求められていることから専門職大学が誕生しました。この章では複雑化が進む社会で自分らしいキャリアを歩んでいくためにはどうするべきかという問題について触れていきたいと思います。

1 現代社会とキャリア

我が国は少子高齢化が進み、労働力が必要とする中で、AI技術に代表される科学技術が急激に発展しています。今存在している職業がこれからも存在するとは限りません。**終身雇用制度**は崩壊し、人生でいくつもの職業を経験する人が多くなり、**働き方**に対する考えも変わってきていますので、受け身のままでは自分らしく幸せに満ちた将来を築くことは難しいでしょう。常に社会から求められる人材であるためには、様々なスキルを身につけておくとともに、自分らしい**キャリアビジョン**を今から考えておく必要があるといえます。

こんなことを考えると、どんなスキルを身につければよいか、キャリアはどうやって考えるのかなど、不安や焦りを感じた人もいるのではないでしょうか。では、まず基本的なキャリアの考え方から学習していきましょう。

キャリア・アンカー

マサチューセッツ工科大学のエドガー・H・シャイン教授は、キャリアや職業における自己概念／セルフイメージが存在すると考えました。これを「キャリア・アンカー」といいます。

　アンカーとは直訳すると船の錨（いかり）の意味です。錨は船をつなぎとめ安定させるために必要なことから、キャリア・アンカーというセルフイメージが、落ち着いてキャリアを構築させることに繋がります。

　それでは、自分自身のキャリア・アンカーを見つけるために、以下の３つの問いについて考えてみましょう。

表 17-1　キャリア・アンカー　３つの問

質問①　自分は何が得意か？　―能力についての質問
回答① ・ ・
質問②　自分は何がやりたいのか　―欲求についての質問
回答② ・ ・
質問③　どんなことに価値を感じるか　―価値についての質問
回答③ ・ ・

　自分の得意なことや長所は書けるという人は多いです。しかし、得意なことだけがやりたいことでしょうか。またやりたいことをやっていても虚しさを感じるときはありませんか、価値を見出せないと思うときはありませんか。

　上記の３つの回答が繋がり、重なる点こそがキャリア・アンカーです。しかし、すぐには見つけにくいものです。自問自答したり、他者に語ったりすることで、抽象的だったセルフイメージが次第に固まり、一定のパターンが見つかっていきます。「なんとなくこうなんじゃないかな」とい

う抽象的なセルフイメージが手掛かりです。恥ずかしがらず友人や保護者の方に話してみましょう。「私もそう思うよ」などと共感をしてもらったり、「進路に関して真剣に考えていてえらいよ」と褒めてくれたりする人がいれば、みなさんのモチベーションも高まるはずです。ぜひ周りの人に協力をしてもらいましょう[1]。

2 キャリア選択のためのアクション

　アンカーが見つかれば、これに沿ったキャリアを具体的に考えていきます。大学進学を考えるみなさんは、担任の先生や進路担当の先生に相談することはもちろん、積極的にオープンキャンパスに参加をしましょう。自分の将来は自分で決めるものです。自分の目で見て、話を聞いて、希望する進路を確認してきましょう。このような十分な過程を経たのであれば、安心して進むことができるはずです。

「大学」と「専門職大学」の違い

　しかし、大学卒業後に就職をする場合はどのようにしたらよいのでしょう。

　実は、大学の目的は、**学校教育法第83条**にこのように記してあります。

　「大学は、学術の中心として、広く知識を授けるとともに、深く専門の学芸を教授研究し、知的、道徳的及び応用的能力を展開させることを目的とする。」つまり、職業に直結するためのスキルを学ぶ教育機関ではないのです。

　しかし、令和5年度の**学生基本調査**には大学卒業後の進路として就職を選択する人は75.9％もいるのです。大学において職業に直結するためのスキルは、授業とは別に、自らで養わなくてはいけないものでした。こうした教育の在り方に変化を求められた結果、誕生したのが専門職大学です。

　専門職大学は、「深く専門の学芸を教授研究し、専門性を求められる職

業を担うために必要な実践的かつ応用的な能力を育成・展開させることを
目的」とありますので、職業に直結した知識やスキルを身につける授業が
主たる科目となっています。具体的には、専門職大学には職業専門科目が
50％近くを占め、科目同士が体系的に結びついていて、各分野における
知識・スキルを身につけることに適したカリキュラムが整っています。大
学を卒業して目指す職業が明確であるならば、その分野の実践的教育を展
開している専門職大学への進路を考えてみることをおすすめしたいと思い
ます。

3 予測不可能な時代におけるキャリア教育

　ここまでで納得してくださった方は、自分の進路が明確な方といえま
す。

　でも職業経験もない、人生経験も少ない高校生のみなさんが、自分の
キャリア・アンカーを見つけて、進路を決めることは超難問ですから、ま
だまだ進路に不安をもっているのではないでしょうか。

　ここからは、進路に悩んでいるみなさんに、開志専門職大学　事業創造
学部とその学生たちについて触れつつ、本学部のキャリア教育について述
べていきたいと思います。

開志専門職大学　事業創造学部とは

　2020年4月に開学した開志専門職大学の中に**事業創造学部**があります。
この学部は、「起業家、事業承継者、企業内起業家として、専門的な知識
と能力を身につけ、地域経済の活性化に貢献できる人材」を養成する学部
です。どんな分野で起業＝事業創造をするかという領域には限りがありま
せん。また就職後の企業で新規事業開発や既存事業の改革を行ったりする
企業内起業家を目指す人であっても、どの分野でファーストステップを踏
むかは個人の判断です。

　そんな学部ですので、学生は皆、個性的です。2024年3月に第1期生が

17　自分らしいキャリアとは

卒業しましたが、就職希望者の内定率は100％、県内外の優良企業や一部上場と言われている企業群にもたくさんの学生が就職内定を果たしています。また、学生起業家として学内ベンチャー立ち上げた学生は4名、大学院進学者や、起業準備や留学のために休学をしている学生もいます。皆それぞれのキャリアを主体的に実現しようと取り組んでいます。

　しかし、こうした学生は、自らのキャリア・アンカーが最初から明確であった人ばかりではありません。

　企業内実習で実習経験を積んだことで、その企業の魅力に気づいた学生や、ビジネスプラングランプリでの入賞の経験から学内外からの協力者を得て事業活動を進めている学生などがいますが、大学での様々な経験を通して、教職員を始めとする多くの関係者に相談し、自問自答を繰り返し、抽象的だった自らのキャリア・アンカーを少しずつ具体化していったことによる進路といえます。

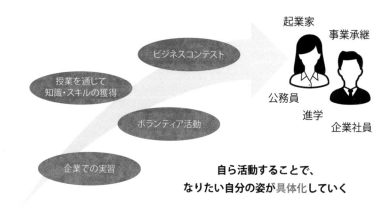

図 17-1　大学4年間を通じてなりたい自分を見つける

　スタンフォード大学のジョン・D・クランボルツ教授は、「キャリアの8割は当初予想していなかった偶発的なことで決定される」と述べています。また、この偶発的な出来事を引き起こすには、キャリアは始めから決めつけるのではなく、「新しいことに興味をもち、失敗してもあきらめず、

他人の意見をとりいれながらポジティブに挑戦し続けることが大切」としています。

　進路を決めなければならない、目標を達成しなくてはいけないと考えすぎている人は、少し肩の力を抜いてみましょう。最も自分に合った進路を見つけるヒントは身近にあるのかもしれません。

　開志専門職大学の事業創造学部で学ぶことで、みなさんのキャリア選択の幅がより大きくなり、幸せなキャリア選択ができることを期待しています。

1　河田美智子（2021）『新板　キャリアの心理学［第2版］キャリア支援への発達的アプローチ　第7章エドガー・シャイン。

17

自分らしいキャリアとは

付録 わかりやすい説明とは

　時々、自分はコミュニケーション能力があるといわれる方に出会います。その時、少し意地悪な質問なのですが、「コミュニケーション能力とは何ですか？」と聞いてみます。おそらくうまく説明できる方は少ないのではないかと思います。

　「コミュニケーション能力」とは、相手とうまく意思疎通を行う能力のことを言います。プレゼンテーションとかでは、その能力が試される場となります。

　うまく意思疎通を行うには、相手の立場や考えていることを理解しなくてはいけません（聞く力）。そして、自分の意見をわかりやすく表現しなくてはいけません（伝える力）。恥ずかしながら、執筆者もコミュニケーションには苦労してきました。コミュニケーションは聞くことから始まりますが、本章では伝える力を中心にそのエッセンスを紹介したいと思います。

1 わかりにくい表現とは

　わかりにくさの原因を一言でいうと、「相手が情報を受け取れるように、情報が整理されていない」のが原因です。たとえば、図付録-1左の「わかりにくい案内」があった場合、保護者の方は左右どちらに進むべきでしょうか？　半分ぐらいの保護者の方は立ち止まって考えてしまいます。案内係に確認する方も多いでしょう。保護者の方にとって、とてもわかりにくい表現となっています。

　図付録-1右の「わかりやすい案内」だと、保護者の方は迷わず左に行くと思います。図を比較してもらうとわかるように、実は線を一本付け加えて矢印の位置を調整しただけです。

わかりにくい案内

教員　在校生　保護者　新入生

わかりやすくなった案内

教員　在校生　保護者　｜　新入生

図 付録-1　わかりにくい案内

　線を一本加えただけですが、自分がどちらのグループに所属するかわかります。つまり情報の分け方を工夫しました。さらに、矢印の位置を調整したことで、各グループと矢印との関係が理解しやすくなりました。このように、情報を分類すること、また情報と情報の関係をわかりやすく表現するだけで、伝わり方はだいぶ変わります。図では、最低限の工夫にとどめていますが、読者の方が、もっとわかりやすい案内を作ることも可能だと思います。

　まとめると、わかりにくさは、相手が頭の中にうまく情報を取り込めないことをいいます。難しい単語を使わないことも大切ですが、相手の頭の中で情報を整理できるように表現すれば、伝わりやすさはずいぶん改善します。

2　情報を整理する

では、どのように情報を整理していけばよいでしょうか？

ポイントは、

　　① 　情報を分類する

　　② 　情報間の関係を示す

　　③ 　必要な情報にしぼる

の3点です。

①情報を分類する

　「情報を分類する」とは一言でいうと、「情報にラベルをつけること」と考えてください。図付録-2の新商品の感想に対する分類例を見てみましょう。

図 付録-2　情報のラベリングと分類

　感想をそのまま並べただけでは、結局新商品はよいのか悪いのか理解できません。ここでは、味、カップの形状、価格で分類してみましたが、一目で新商品の良い点、改善点がわかると思います。たとえば、「味は顧客に受け入れられるが、カップの形状や価格は見直しが必要。具体的には…」と伝えると、相手に新商品販売時の感想を伝えることができると思います。このように、情報にラベルをつけて、うまく情報を分類できると、相手も頭の中に情報を整理しやすくなります。いいたいことをうまく伝えることができます。

　ただし、どのように分類するかはセンスが問われることになります。たとえば、商品の売上は、顧客数、顧客当りの購入数、購入単価で分類すべきだというように、ビジネス上のセンスが加わると、より相手が期待する表現が可能となります。

②情報の関係を示す

　次に情報の関係を示すことです。①の情報の分類ができたとしても、情報間の関係がわからないとうまく伝わりません。たとえば、図付録-1で示した矢印と参加者の関係なんかがそうですが、情報と情報をつなげてあげる必要があります。代表的な関係を2つ紹介しましょう。

　まず一つ目は、順番となります。たとえば、家庭でカレーを作る場合、材料を切る→鍋で炒める→柔らかくなるまで煮る→カレーのルーを加える、となります。非常に単純なことのように思われるかもしれませんが、たとえば商品開発のように前後関係のある複雑な作業を進める場合は、大変有効です。各商品開発のステップで情報を分類し、さらに分類ごとに示します。

新商品開発の例

市場調査 商品コンセプト	市場規模の算出 展開計画化	商品開発 販促・販売準備	市場投入 顧客サポート
顧客リサーチ 商品コンセプト 競合分析 市場規模概算	ターゲット顧客 主要機能 販促・流通計画 開発コスト試算 収支計画	プロセス管理 設計・開発 製造準備 チャネル開拓 販売準備	製造 販売 販売促進 顧客サポート 収益管理

図 付録-3　順番に情報を提示

　二つ目は、原因→結果という因果関係の表現となります。たとえば、図付録-2の中にも「カップが細く、倒れやすい」とあります。原因（もしくは理由）は「カップが細く」で結果は「倒れやすい」となります。相手に伝える場合、「この商品は飲んでいる最中に倒れることが多い。理由はカップが細いから。対策として…」と表現すると、相手も何をしなくてはいけないか簡単に理解できると思います。

　このように、順番や因果関係を示すことができると、相手も情報をうまく取り込むことが可能となります。

③必要な情報にしぼり具体化

　最後に、情報は多すぎても少なすぎてもいけないということを伝えます。

　ここまでで、情報を整理し、関係を示したのに、そこに関係しない情報が現れると、相手は混乱します。混乱すると理解に時間がかかってしまうため、相手に伝わらないことになります。

　もう一つ、具体性のない情報は伝わらないということです。たとえば、「この商品は売れない」とだけでは、相手は何のことかわかりません。「具体的には、他の商品と比較して価格が高いという問題があるからです」と具体的な情報も付け加える必要があります。そのことで、相手は、その人が持つ既知の情報と結びつけやすくなり、情報が伝わりやすくなります。

3　話の順序を工夫する

　最後に、伝わりやすい、表現の工夫についても紹介します。

　一つ目はPREPです。

Point:	要点や主張 …………………………新潟に来たら草餅をお土産にどうぞ
Reason:	そう主張する理由 ……………………… 新潟で一番売れているお土産です
Example:	具体例やデータ………………………　おいしいアンコが餅にくるまれています
Point:	要点や主張（繰り返し）………………………………　ぜひ草餅をお土産に！

図 付録-4　PREPとその表現例

　最初にポイントとなる伝えたことを表現した後、その理由、具体例を示します。再度言いたかったことを伝えることになります。これまで、結果は最後に述べると習ってきた学生の方が多いかもしれませんが、ビジネスの現場では結論から述べるのが定番的な表現です。

　もう一つは、「空・雨・傘」タイプの伝え方です。

空：事実やデータ ……………………………………………………… 空が曇ってきた
雨：事実からわかること（解釈） ………………………………… 雨が降るかもしれない
傘：主張・提案 …………………………………………… 傘を持って行ったほうが良い

図 付録-5　空・雨・傘とその表現例

　何かを伝えるときに、具体例を示す事実やデータがあると、相手は安心
して情報を受け取ります。その情報をもとに、事実・データの解釈→主
張・提案という順番で表現します。そのことで、より自分の主張や提案が
受け入れられやすくなります。

　以上、エッセンスだけとなりますが、コミュニケーションの際に、うま
く自分が言いたいことを伝える方法を紹介いたしました。本章の内容を意
識できると、みなさんの伝える力を格段に増すことができると思います。

おわりに：
未来を切り拓く、事業創造学部の学び

将来のゴールを目指して

| 編1 ビジネスの基本と理論 | → | 編2 社会的責任と地域社会 | → | 編3 企業運営の実践 | → | 編4 個人の成長と社会への貢献 |

事業を創造する

　『17歳で知っておきたい必修ビジネスワード17　なりたい自分をかなえる経営の基礎』のページをめくるごとに、ビジネスの世界への理解が深まり、社会的責任、企業運営、そして個人の成長と社会への貢献について学びました。開志専門職大学事業創造学部での学びは、現実のビジネスシーンで直面する挑戦に立ち向かうための、実践的な知識とスキルを提供します。この書籍の終わりに、開志専門職大学事業創造学部の1期生がどのようにして多彩な進路を選択し、成功への道を歩み始めたのかをご紹介しましょう。

　事業創造学部では、二つのコースが提供されています。起業家コースでは、自分の会社を創りたい人、新しいビジネスを始めたい人が対象で、会社設立や経営のために必要な知識と技能、そしてアントレプレナーシップを学びます。一方、経営デザインコースでは、企業内で新事業や新商品の開発に挑戦したい人が、ビジネスに必要な幅広い知識と技能を学び、希望する分野や業界に就職を目指します。

　事業創造学部では、「学んだ先に多彩な進路がある」という理念のもと、学生一人ひとりの夢や目標に合わせた教育を提供しています。事業創造学部一期生Kさんのように大手企業への就職を果たした学生もいれば、Fさ

んのように独自のビジョンを持って起業を実現した学生もいます。また、G さんのように、さらなる専門知識を求めて大学院進学を選ぶ学生もいます。

①起業したFさん。

「開志の魅力は、主に実践的な学びだと考えています。（企業出身の）実務家教員が在籍していることで、各々のバックグラウンド（企業経験）を活用した学びや視座、そして人とのつながりを得ることができます。」

②大手企業への就職を決めたKさん。

「開志ならではの職業専門科目で実践的な内容を学んだことが、就活で役に立ちました。また、大学で学んだ知識を企業内実習の現場で試し、足りない部分を理解することで、知識が自分のものになっていくことを実感しました。」

③大学院進学をするGさん。

「日常の中で、大学内外のプロからさまざまな助言を頂ける環境があることは、開志を選んで良かった理由の一つです。より高い専門性へのステップとなりました。」

彼らの経験は、この学部が提供する教育の価値を具体的に示しています。いずれも、事業創造学部での学びが多角的な視点と実践的なスキルを提供し、学生一人ひとりの夢を実現させる基盤となっていることを証明しています。

この書籍を閉じるとき、あなたも事業創造学部での学びを通じて、自分だけのキャリアパスを切り開くための第一歩を踏み出す準備が整っています。就職、起業、大学院進学など、あなたの選択する多彩な進路の可能性は無限大です。

**夢に向かって自信を持って一歩を踏み出しましょう。
未来はあなたの手の中にあります。**

著者紹介

古屋　光俊（第1章担当）

東京工業大学工学修士、英国レスター大学MBA、早稲田大学博士（商学）。
三菱商事で宇宙、IT、ベンチャー投資を担当。PwC、IBMを経てRUFT
を起業。

担当科目：アントレプレナーシップ論、ビジネスプラン等

星　　和樹（第2章、第3章担当）

明治大学大学院経営学研究科博士後期課程単位取得退学。愛知産業大学経営
学部、明治大学大学院経営学研究科などで専任教員・非常勤教員を務める。

担当科目：経営戦略論、ビジネスモデル研究、企業内実習II等

小川　元也（第4章担当）

慶應義塾大学大学院経営管理研究科（MBA）修了。自動車業界、広告業
界、エンターテインメント業界で勤務し、マーケティング、経営企画、グ
ローバル戦略などを担当。

担当科目：マーケティング、グローバル経営、企業内実習II等

近藤　正幸（第5章担当）

スタンフォード大学大学院修了。通商産業省（現経済産業省）、世界銀行、
英国王立国際問題研究所、横浜国立大学大学院などで勤務。横浜国立大学
名誉教授。博士（学術）。

担当科目：経済学の基礎、イノベーションマネジメント、トップランナー研究等

向　　正道（編集、第6章、付録担当）

京都大学工学研究科修了、早稲田大学商学研究科博士後期課程修了。博士（商学）。日鉄ソリューションズ（株）でコンサル部門のマネジメント、人事部門にて技術者人材開発を担当。

担当科目：デジタル経営、デジタルマーケティング、企業内実習Ⅲ等

増田　達夫（第7章担当）

外務省と経済産業省勤務の後、パリの国際エネルギー機関（IEA）局長を務める。現在は、内外の企業の役員として実務にも従事。

担当科目：現代史と国際関係論、産業研究Ⅲ（環境）、International Dynamics（国際動態論：全て英語で行う授業）

渡辺　康英（第8章担当）

東京芸術大学美術学部建築科卒業、同大学院環境造形デザイン修了。シンクタンクのリサーチ・コンサルティング部門でコンサルティング業務に従事。

担当科目：ソーシャルデザイン、ソーシャルデザイン実習等

徳田　賢二（編集、第9章担当）

一橋大学経済学部卒業、日本長期信用銀行融資・調査部門等、専修大学経済学部教授、同大学院経済学研究科長、同大学名誉教授。静岡県、川崎市など地方自治体との連携に注力。

担当科目：地域経済産業論、流通論の基礎と応用等

西村　伸也（第10章担当）

東京大学大学院修了・工学博士（東京大学）。建築計画・デザインが専門
で、学校建築デザイン（幼稚園～大学）多数。新潟県内で実践的なまちづ
くりを展開。

担当科目：地域資源活用計画・産業研究Ⅶ（まちづくり）等

福田　　稔（第11章担当）

慶應義塾大学法学部（法律）卒業、法政大学大学院修了。中国電力㈱、新
宿区等での創業支援。よろず支援拠点等で中小企業支援。（一社）日本イ
ノベーションマネジャー協会主宰。

担当科目：会社設立実習、企業内実習Ⅰ等

明珍　儀隆（編集、第12章担当）

明治大学大学院経営学研究科博士後期課程単位取得満期退学。国内の大手
金融機関、大手SIerで不動産、金融IT領域における事業企画、営業企画、
財務管理等を担当。

担当科目：会計学概論、マネジメントアカウンティング、企業内実習Ⅲ等

松澤　孝紀（第13章担当）

青山学院大学・同大学院、跡見学園女子大学・同大学院、中央学院大学、
日本大学、武蔵大学などで非常勤講師を歴任。専門分野は金融機関の行
動、個人の金融選択などのファイナンス。

担当科目：ファイナンス概論、コーポレートファイナンス、企業内実習Ⅰ等

石川　秀才（第14章担当）

明海大学不動産学部、日本大学理工学部を歴任。専門は不動産法。中央大学、東京経済大学で宅建士試験講座の講師など法律系の国家試験受験指導にも深くかかわる。

担当科目：ビジネス実務法務、不動産法入門、企業内実習Ⅰ等

市川　昌史（第15章担当）

東洋大学大学院国際地域学研究科修了。（株）JTBで仕入、商品企画、業務改善などの働き方改革を担当。その後コンサルティング会社で中小企業の営業支援に従事。

担当科目：経営学の基礎、産業研究Ⅴ（観光）、企業内実習Ⅲ等

東城　歩（第16章担当）

新潟大学大学院博士前期課程修了、事業創造大学院大学修了（MBA）。高校、大学、企業、専門学校等で簿記会計などの講義を担当。新潟大学・新潟食料農業大学非常勤講師。

担当科目：簿記概論、財務諸表分析、企業内実習Ⅱ等

遠田　孝之（第17章担当）

日本大学経済学部経済学科卒業、事業創造大学院大学修了（MBA）。ビジネス系専門学校での教員経験を含めた約20年間、学生のキャリア支援に従事。現在は開志専門職大学事務局学務部部長を務める。

索 引

『17歳で知っておきたい必修ビジネスワード17
なりたい自分をかなえる経営の基礎』

2024年7月23日　初版第1刷発行

編　集：開志専門職大学

発行者：遠山幸男

発行所：株式会社ウイネット
　　　　〒950-0901　新潟県新潟市中央区弁天三丁目2番20号　弁天501ビル 5F
　　　　電話：025-246-5955（代表）　025-246-9172（営業部直通）
　　　　ＨＰ：https://www.wenet.co.jp/

発売所：株式会社星雲社（共同出版社・流通責任出版社）
　　　　〒112-0005　東京都文京区水道1-3-30
　　　　電話：03-3868-3275

デザイン・印刷・製本：
　　　　株式会社ウィザップ
　　　　〒950-0963　新潟市中央区南出来島2丁目1-25
　　　　E-mail：info@sksp.co.jp
　　　　Fax：025-285-3311

乱丁・落丁の場合はお取り替えいたします。
定価はカバーに表示してあります。